本书出版得到上海开放大学学术专著出版基金资助

双元创新与企业可持续发展

刘春霞 著

上海大学出版社
·上海·

图书在版编目(CIP)数据

双元创新与企业可持续发展 / 刘春霞著. —上海：上海大学出版社,2024.3
ISBN 978-7-5671-4945-8

Ⅰ.①双… Ⅱ.①刘… Ⅲ.①企业经济－可持续性发展－研究－中国 Ⅳ.①F279.2

中国国家版本馆 CIP 数据核字(2024)第 054756 号

责任编辑　位雪燕
封面设计　缪炎栩
技术编辑　金　鑫　钱宇坤

双元创新与企业可持续发展

刘春霞　著

上海大学出版社出版发行
(上海市上大路99号　邮政编码200444)
(https://www.shupress.cn　发行热线 021-66135112)
出版人　戴骏豪

*

南京展望文化发展有限公司排版
句容市排印厂印刷　各地新华书店经销
开本 787mm×1092mm　1/16　印张 11　字数 221 千
2024 年 3 月第 1 版　2024 年 3 月第 1 次印刷
ISBN 978-7-5671-4945-8/F·244　定价　78.00 元

版权所有　侵权必究
如发现本书有印装质量问题请与印刷厂质量科联系
联系电话: 0511-87871135

前 言 PREFACE

世界经济已经迎来了第五个经济波动周期,在信息产业蓬勃发展之际,知识以及创新管理引起了学者、政策制定者以及企业管理者史无前例的关注和重视。回首中国经济的发展,中华人民共和国成立70多年以来,中国经济经历了前30年的社会主义计划经济时期,进入改革开放时期,形成了政府驱动与市场驱动竞相发力的独特格局。虽然中国的经济总量已连续多年位居世界第二,但传统产能过剩、创新驱动不足等问题逐渐显现。面对部分国家贸易保护主义的抬头以及全球竞争的加剧,中国企业也越来越意识到知识探索与利用的重要性,并逐步加大企业内部的研发投入。

创新理论指出,创新是经济发展的核心推动力。面对激烈的全球竞争,只有不断提升企业的学习能力,才能为企业带来持续的竞争优势。组织双元视角中的"探索"与"利用"策略,为组织学习能力的提升提供了一种有效路径。

在此背景下,本研究基于制度理论和组织双元理论,构建了"双元驱动力→知识策略→企业绩效"的逻辑范式,试图分析中国企业运作中的政府驱动与市场驱动两种制度逻辑对企业知识探索与知识利用开展的影响机制,并回答知识策略与企业绩效之间的作用机理,为中国创新制度环境的构建以及企业知识管理水平的提升提供理论支撑和实证经验的总结。

本书的内容结构共分为九个部分。第一章为导论,介绍了研究背景、研究目标、研究意义、方法及内容结构等;第二章为文献综述部分,分别从制度理论、知识基础观、组织双元理论和创新理论进行了理论的铺垫与评述;第三章和第四章则分别就"双元驱动力→知识策略"以及"知识策略→企业绩效"相关的研究进行了观点的归纳与总结,为第五章理论模型的构建与研究假设的提出奠定了基础;第六章至第八章是本书的实证检验部分,分别就实证方法的设计、数据的收集、数据的描述性分析以及模型检验进行了阐述和分析;第九章则基于实证检验结果进行了研究结论的归纳,提出了启示建议,对本研究的创新及不足进行了评价性总结,并提出了未来研究的建议和展望。

本书采用二手数据和文本分析相结合的数据收集方法,搜集了2003—2019年中国上市公司的序列面板数据,采用系统GMM回归模型对研究假设进行了检验。本书之所以未将2019年之后的数据纳入研究,主要考虑到新冠疫情之后,中国经济虽然长期向好,但经济发展节奏受到了影响,为避免特殊因素导致的非正常波动,研究数据截至2019年。此外,长达17年的序列面板数据对于长期规律的探究而言,也是较为充分的。实证结果发现:① 双元驱动力与企业短期绩效正相关,与企业的长期发展潜力负相关;② 双元驱动力会阻碍企业探索策略的开展,促进企业知识策略的开展,同时与双元知识策略之间呈U形曲线关系;③ 企业的探索知识策略具有自我强化特征,且强化作用的强度逐年减弱,知识利用策略的自我强化作用未得证;④ 知识策略的开展对企业利润具有直接作用:知识探索短期负向影响企业利润,长期持续正向作用明显,知识利用短期促进企业利润增长,长期反而会阻碍利润增长;双元知识策略与企业短期利润呈倒U形曲线关系;⑤ 知识探索正向促进企业长期发展,具有持续逐年降低的作用,知识利用只能在当期提升企业的成长潜力,长期阻碍作用显著,双元知识策略促进企业长期发展且作用逐年递减;⑥ 单一知识策略可以部分中介双元驱动力与企业绩效之间的作用,双元知识策略则可以起到完全中介作用;⑦ 双元驱动力对企业知识策略的影响具有逐年增强的时间效应。

通过对实证检验结果的分析,得出了中国企业开展知识创新策略的重要启示:① 政府驱动可以显著提升规模集聚效应,并提升短期利润水平;② 要提升企业利润的增长质量以及长期成长潜力,需强化市场驱动力量的发挥;③ 要创新企业的发展模式,必须突破传统知识创新组合框架,并要小心"盲目探索",提防"成功陷阱";④ 高探索创新、高利润回报才是摆脱低水平竞争的希望所在;⑤ 企业的知识管理需要兼顾知识探索和知识利用,寻找两者的平衡并注意发挥"探索创新"对企业未来成长的持续促进作用;⑥ 注意时代进步力量,引领科技进步步伐。

本研究在以下方面作出了创新性的尝试:① 探索了政府与市场制度逻辑对企业知识策略影响的作用机理;② 对企业绩效的选取指标作了长期与短期的区分与验证;③ 采用大数据分析方法对企业知识策略的文本测量维度和作用机制进行了情境延伸和拓展。同时本研究还存在以下不足和有待改进的地方:① 双元驱动的测量中弱化了市场驱动力的构成指标;② 为了保证大数据文本分析的可比性,牺牲了文本分析资料来源的丰富性;③ 限于二手数据披露的全面性,大数据的分析效度有所降低。未来研究可以从这三个方面进一步完善和深化。

通过理论分析与实证检验,本研究开创性地从制度逻辑的视角解释了企业知识策略开展的差异性,丰富了知识管理领域的研究,促进了企业双元知识理论研究体系的不断完善,不仅可以为中国双创国策的顺利开展及创新制度环境的建设提供政策建议,也为中国企业顺利实施知识创新策略提供了经验支撑和启示,帮助企业实现真正意义上的创新驱动,为打造具有国际竞争力的企业、提升综合国力、建设世界强国提供帮助。

目录 CONTENTS

第一章　导论 …………………………………………………………………… 1
　第一节　研究背景 …………………………………………………………… 1
　第二节　研究目标 …………………………………………………………… 4
　第三节　研究意义 …………………………………………………………… 5
　第四节　研究方法 …………………………………………………………… 6
　第五节　研究思路与技术路线 ……………………………………………… 8
　第六节　研究结构与内容 …………………………………………………… 9
　本章小结 ……………………………………………………………………… 11

第二章　文献综述与评述 ……………………………………………………… 12
　第一节　制度理论 …………………………………………………………… 12
　第二节　知识基础观 ………………………………………………………… 14
　第三节　组织双元理论 ……………………………………………………… 17
　第四节　创新理论 …………………………………………………………… 23
　本章小结 ……………………………………………………………………… 27

第三章　中国企业的双元驱动及其影响 ……………………………………… 28
　第一节　中国企业的双元驱动现象 ………………………………………… 28
　第二节　双元驱动对企业知识策略开展的影响 …………………………… 30
　本章小结 ……………………………………………………………………… 41

第四章　知识策略对企业绩效的影响机理 …………………………………… 43
　第一节　双元知识策略的特点 ……………………………………………… 43
　第二节　双元知识策略对企业绩效的影响机理 …………………………… 44
　本章小结 ……………………………………………………………………… 54

第五章　理论模型与研究假设 ………………………………………………… 56
　第一节　基本概念界定 ……………………………………………………… 56
　第二节　研究假设 …………………………………………………………… 59
　第三节　双元驱动力对企业绩效影响机理的实证模型 …………………… 71

本章小结 ·· 73

第六章　数据收集与测量 ·· 74
　　第一节　实证研究设计 ·· 74
　　第二节　变量度量 ·· 77
　　第三节　测量的信度和效度 ······································ 84
　　本章小结 ·· 85

第七章　描述性统计分析 ·· 86
　　第一节　样本的描述性统计 ······································ 86
　　第二节　研究变量的描述性统计 ······························· 87
　　第三节　Pearson 相关性分析 ···································· 89
　　本章小结 ·· 91

第八章　假设检验 ··· 92
　　第一节　双元驱动力对企业绩效的直接作用检验 ······· 92
　　第二节　双元驱动力对企业知识策略的直接作用检验 ·· 95
　　第三节　企业知识策略的自我强化特征检验 ············ 101
　　第四节　知识策略对企业利润的直接作用检验 ········ 102
　　第五节　知识策略对企业成长潜力的直接作用检验 ·· 108
　　第六节　知识策略在双元驱动力与企业利润之间的中介作用检验 ·· 111
　　第七节　知识策略在双元驱动力与成长潜力之间的中介作用检验 ·· 117
　　第八节　双元驱动力对知识策略影响的时间效应检验 ·· 123
　　第九节　实证研究结果汇总 ····································· 126
　　本章小结 ··· 127

第九章　结论和启示 ··· 129
　　第一节　研究结论 ·· 129
　　第二节　管理启示 ·· 138
　　第三节　研究创新和不足 ·· 143
　　第四节　未来研究方向 ··· 146

参考文献 ·· 149

附录：本研究的数据收集与处理流程 ························· 167

致谢 ··· 170

第一章

导　论

第一节　研究背景

一、现实背景

21世纪,全球经济已经从工业经济进入了知识经济时代,世界经济在经历了纺织产业时期、蒸汽和钢铁时代、石油重化工时代、汽车工业时代四个经济长波之后,正式步入了信息产业时代。每次经济周期的波动无不与企业创新有关(Joseph Schumpeter, 1934)。随着经济全球化、科技的飞速进步以及消费者需求的不断变化,企业赖以生存的外部环境变得日趋动荡和复杂,竞争也愈发激烈。根据IBM公司2019年发布的《全球CEO调查》[①]报告:80%的CEO都认为巨大的变革正在到来,然而企业掌控变革的能力依然存在巨大的差距,同时几乎所有的企业都在调整业务模式,2/3的CEO正在实施大规模的创新。据普华永道发布的《第26期全球CEO调研中国报告》[②](2022年),面对当前地缘政治冲突加剧、宏观经济波动日趋复杂、营商环境更加充满挑战的环境,70%的高管表示,未来三年,他们的投资重点在于研发和产品创新。

与此同时,中国经济的发展经历了计划经济向中国特色社会主义市场经济的转型,经过70多年的奋力拼搏,中国经济取得了世界瞩目的成就。产业结构不断优化,所有制结构也从单一的公有制转向公有经济与非公有经济齐头并进、共同发展,市场机制逐渐凸显主导地位。自2008年金融危机之后,打破了美国第一、日本第二的世界经济格局,中国经济总量已连续多年位居亚洲第一,成为仅次于美国的世界第二大经济体。

随着"一带一路"倡议和"走出去"战略的实施,中国企业已在各个领域进入实质性突破阶段,以中国制造为代表的优势产能国际市场占有率稳步增长,市场范围也在不断

---

① 由IBM商业价值研究院(IBV)发布,研究团队采访了全球13 000多位企业高层主管,并基于参与IBM第四次全球最高管理层研究的2 118位首席人力资源官(CHRO)的访谈,运用探索性因素分析、回归分析和相关性分析等方法综合分析得出结果。此报告是IBM商业价值研究院所开展系列调研的第20期。

② 普华永道的年度全球CEO调研已开展了20多年,该调研邀请了来自全球105个国家和地区的共4 410名CEO参与。

扩大。但同时中国企业也面临着传统产能过剩和创新驱动不足的问题,因此,供给侧改革和创新驱动发展成为当前中国经济发展的攻坚所在。

要想在世界舞台立于不败之地,企业必须寻求动态的、可持续的竞争优势。创新逐渐被中国企业家所重视,并日趋成为提升企业、地区乃至国家竞争力的重要手段。与此同时,持续学习就变得异常重要,而"探索"与"利用"的双元知识策略恰好为企业提供了一种重要的学习路径。

很多知名公司都在持续地推进组织的"探索"与"利用"知识策略。如电信行业 5G 技术的推出,就属于"探索"知识策略的成果。基于 4G 技术,不同的手机厂商纷纷推陈出新,不断推出新的手机型号,如华为公司的 P30、苹果公司的 iPhone11,均是基于现有技术推出的更新换代产品,这一现象就属于"利用"知识策略的结果。

企业家在企业创新中发挥着重要的作用,成为推动经济发展、制度变革和社会进步的重要力量。依据中国企业家调查系统课题组自 1993 年以来连续 30 年的企业家调查研究工作报告①,中国企业家队伍的成长经历了社会主义市场经济体制创建期(1993—2002 年)、经济发展转型期(2003—2012 年)、改革开放攻坚期(2013—2017 年)以及高质量发展推进期(2018 年至今)四个阶段。改革开放攻坚期开始,企业家成长的关键是能够成为自主创新管理的创新型企业家,重点在于创新核心能力的提升。进入高质量发展推进阶段后,由于外部环境的不确定性明显增加,企业面临全球经济紧缩、供应链不稳定等诸多挑战,企业家需要在持续提升自主创新能力的信心的同时,成为能够系统思考、有效应对不确定环境以及驾驭复杂性管理的战略型企业家,并持续提升自主创新能力。调查发现:中国企业自主创新的能力逐渐增强,与 1995 年相比,2022 年企业"依靠本企业的技术力量自主开发"的技术进步模式上升了 13.0%,且"引进国外技术、设备"的外部直接获取模式下降了 20.4%。②

依据欧盟委员会发布的《2022 年欧盟产业研发投资记分牌》,中国已超越欧盟成为全球产业研发投入第二大经济体。上榜的中国企业共有 678 家,较上一年增加了 81 家,无论是上榜企业增加的数量还是研发投入较上年增加的比例(24.9%)均位列全球第一。与此相反,日本和欧盟的上榜企业则呈现萎缩态势,分别减少了 60 家和 40 家。因中美贸易争端而备受关注的华为,其研发投入持续增加,195 亿欧元的研发投入仅次于 ALPHABET(谷歌母公司)、META("脸书"母公司)和微软,位列世界第四,超过了

---

①② 调查自 1993 年开展以来,至 2022 年,共开展了 30 次全国范围的企业家连续跟踪调查(不包括港澳台地区)。该调查得到了国务院发展研究中心公共管理与人力资源研究所、国务院研究室工交贸易研究司、国务院国有资产监督管理委员会企业分局、国家统计局国民经济综合统计司、中国企业联合会研究部、国家发展和改革委员会国民经济综合司、人力资源和社会保障部人力资源市场司、人力资源和社会保障部法规司、商务部政策研究室、国家税务总局收入规划核算司、中国证券监督管理委员会市场监管部、中国物流与采购联合会等部门的联合指导与支持。调查内容涵盖企业家对宏观经济形势、企业经营状况及对未来发展的预期,企业家对经营外部环境的评价、对宏观经济政策及经济体制改革成效的看法,也包括企业家成长、激励、约束及企业社会责任、数字化转型等多方面内容。

苹果、三星、大众汽车、英特尔和辉瑞等知名企业。华为也成为迄今中国最大的研发投资公司,研发投资占中国入榜企业研发投资总额的 10%。

全球经济时代,特别是随着知识经济的发展和科技的进步,单纯依靠廉价的劳动力供给以及传统资源的时代已经过去,创新已经成为经济发展的核心驱动力,而唯有依靠知识和科学技术资源才能支撑企业的未来发展。知识基础与运用知识探索与利用的能力成为企业获取核心竞争力的关键。

在意识到知识本身以及对知识的有效管理、开发与利用重要性的同时,我国企业也面临着共性技术创新主体缺失、知识供给能力不足以及政府与市场在支持企业和社会创新领域定位不清等问题,严重制约着企业知识创新能力的根本性提升(朱桂龙,2012)。在这样的现实背景下,研究中国企业的双元驱动力对企业知识策略开展的影响及其与企业绩效之间的作用机制,对提升中国企业的知识创新水平和优化中国社会创新环境都具有十分重要的意义。

二、理论背景

约瑟夫·熊彼特(Joseph Alois Schumpeter,1934)创新理论的提出解释了长期以来的经济周期波动现象,该理论指出创新是经济增长的核心推动力,而企业是创新的主体。关于企业为什么存在的问题,首先给予解释的是交易成本理论(Coase,1937;Williamson,1975),认同企业的存在是为了解决市场所不能解决的问题,同时也采用交易成本视角解释了企业的边界与规模问题(Moran,1996;Ghoshal,1999)。有关企业的发展和决策影响的理论解释则陆续出现了产业基础观、资源基础观以及延伸的知识基础观和社会经济学领域的新的制度理论。产业基础观以及资源基础观,分别从产业结构视角和企业的资源禀赋视角,解释了企业战略制定和绩效的差异性问题。而制度理论则从企业同构的视角出发,给出了制度环境对企业趋同化的影响机制。随着知识经济的到来,越来越多的学者和管理者开始重视知识的作用,并将知识作为企业最重要的资源来加以研究。知识基础观的学者将企业视为"异质知识的集合体",并指出企业核心竞争力的来源在于企业对知识资源的探索和开发能力。该观点的提出具有划时代的意义,将企业管理学者和管理者们对企业核心竞争力的关注焦点从传统资源视角中的"价值占有"转向了"价值创造"(Moran & Ghoshal,1996);将企业价值创造的核心从"静态的资源"转向了"动态的能力"(Barney,1991;Kogut & Zander,1992;Wernerfelt,1984)。

同样关注企业动态能力提升的组织学习理论指出,为了适应外部环境的变化,企业必须不断提升组织的学习能力。组织双元理论中的"探索"与"利用"策略的提出,为组织内部的学习提供了一种新的研究视角。

因此,综合以上理论的发展,总结本研究的理论背景。创新是社会经济进步的驱动力,而实施创新的主体在于企业,企业的存在就是为了解决市场难以解决的问题,如在社会资源配置中寻求有效率的配置,在长期和短期之间做出权衡(Ghoshal & Bartlett,1994;Smith & Lewis,2011)。而企业的决策同时会受到外部制度环境的影响与企业内部管理能力的制约。依据外部的制度环境变化采取适当的知识策略,以不断提升企业的学习能力,才是企业长期健康发展的不竭动力。正是基于这样的理论发展背景,本研究以创新理论为根本出发点,引入了制度因素对企业知识管理策略的影响,探究企业内部知识探索与利用活动的开展对企业绩效的影响机理,对当前的理论发展而言,既提供了多角度的解释视角,也增加了知识管理领域的文献研究。

第二节 研究目标

基于以上对中国企业现实发展背景和理论背景的阐述,结合中国企业发展的实际情况与企业知识管理领域的最新进展,本研究考察了中国企业的政府与市场双重驱动力量对企业知识探索与知识利用活动的影响,以及与企业绩效之间的影响机理,希望能够回答以下问题:政府驱动是否能够促使企业开展知识创新策略?政府驱动与市场驱动之间有何联系?两者对企业知识策略开展的影响机制有何异同?企业不同类型的知识策略活动是如何影响企业绩效的?本研究的目标如下。

第一,探索一条符合时代特征以及中国情境的企业知识创新发展道路。由于以往的知识创新理论研究均是基于西方发达国家的市场和理论背景,在进行理论的本土化情境应用时,大多数研究从情境因素的视角,如企业性质等,来考察这些因素的调节作用。鲜有研究从中国企业的发展背景出发,基于中国企业发展的制度背景深入分析不同的制度逻辑及驱动力量对企业知识创新策略开展的影响。同时,本研究基于中国上市公司的序列面板数据,真实还原了当前中国企业开展知识策略的情况及绩效表现,探究中国企业自己的知识创新策略发展路径及背后的经济变化规律,为中国企业未来进行知识创新策略的布局提供参考和借鉴。

第二,从制度理论和知识基础观的视角,分析政府驱动力与市场驱动力对企业知识策略的影响机制。基于制度理论、知识基础观、组织双元理论以及创新理论等,系统分析了政府与市场两种不同的制度逻辑对企业知识探索与利用活动开展的影响机理,从理论模型推理到序列面板大数据实证检验,为制度要素与知识管理领域的研究进行了理论拓展和实证延伸。

第三,分析知识探索、知识利用以及双元知识策略对企业绩效的影响机制。基于知识基础观和组织双元理论,探究组织双元知识策略对企业短期利润与长期发展潜力之间的作用机理,并通过实证检验总结发现中国企业当前知识策略开展的情况,尝试分析知识策略与企业绩效之间关系的作用机理,为本领域研究提供更多来自发展中国家的实证证据。

第四,明晰中国企业当前知识策略开展的特点及变化趋势。随着科技的进步与全球经济的发展,中国企业的知识创新策略的开展迫在眉睫,在分析中国企业当前知识创新策略开展情况的基础上,探究中国企业双元知识策略开展的特点及随时间变化的趋势,为中国企业的未来发展提供借鉴和指导。

第三节 研 究 意 义

创新驱动发展,是当前有关经济增长的共识。本研究以中国经济发展的特殊历程为背景,基于制度理论,从组织双元理论视角出发,探讨中国企业发展中的双元驱动力对企业知识策略开展的影响与绩效作用机制,对知识管理领域的研究以及中国企业的知识创新管理都具有十分重要的意义。

一、理论意义

(1) 从研究内容和理论内涵两个方面,扩展了当前知识管理领域的理论研究,首次从制度逻辑的视角解释知识策略的开展,对企业知识策略的前置变量进行了丰富和拓展。

从研究视角来看,现有研究主要关注企业知识策略对创新绩效的影响,强调在开放动态的竞争环境下,企业通过组织学习开展知识探索和知识利用的必要性。而对于其前置影响因素,特别是基于中国经济的发展现状,从政府与市场两种制度逻辑角度对企业知识策略进行分析的研究还很少。本研究不仅考虑了两种制度逻辑对企业知识策略的影响,还从制度逻辑的视角对背后的影响机理进行了深入分析,为知识管理领域的研究提供了一个新的研究视角。

(2) 基于知识基础观和组织双元理论,对企业知识管理研究进行理论推理和实证检验,促进了组织双元知识理论研究体系的不断完善。

组织学习不是自动发生的(Barkema & Schijven,2008),需要特定的学习机制与一定程度的投入才能真正实现有效学习。本研究将知识基础观与组织双元理论相结合,构建了两种不同类型的知识学习策略,并从知识策略的不同维度对企业短期和长期绩效的影响机理进行了分析。无论是知识基础观,还是组织双元理论,一定程度上都对其理论内容进行了拓展。此外,从研究对象来看,采用中国上市公司的大数据样本对理论模型进行验证,并采用了具有中国情境的理论解释,对知识管理策略的研究进行了理论拓展和中国情境检验。

(3) 将双元知识策略的大数据测度方法进行了情境延伸,基于中国企业的知识策略开展实践,采用持续17年的面板大数据进行检验,丰富了双元知识策略测度方法的检验。

经过40多年的改革和发展,中国经济实力增强,综合国力大幅提升,经济发展的模式已经成为发展中国家现代化发展的典型。中国企业的知识创新策略的开展也具有独特的发展模式。学者们也尝试对不同的双元知识策略的测量方法进行比较,有学者曾尝试了三种双元知识策略的测度方法(Lubatkin,2006):知识探索与知识利用的交互项——A×B,知识探索与知识利用差值绝对值——|A−B|,以及知识探索与知识利用的加总——A+B。结果发现,第三种测度方法的回归贝塔值均高于前两种,说明第三种方法的解释信息丢失值最小。本研究将西方学者开发的适合大数据检验的双元知识策略的测度方法(Uotila,2008)进行情景转移,采用中国上市公司的连续面板数据进行检验,不仅丰富了该领域研究的情境资料,也丰富了双元知识策略的测度方法的检验。

二、实践意义

基于中国国情和经济发展实际,探究政府驱动与市场驱动的制度环境对企业知识创新策略开展的影响,具有十分重要且迫切的现实意义。

(1) 本研究可以为中国双创国策的制定及创新制度环境的搭建提供证据支持。随着国家层面对创新驱动战略认识的加深,国家出台了一系列旨在推动社会创新和创业的支持性政策。本研究重点考察了政府制度逻辑与市场制度逻辑两种制度环境对企业知识创新策略开展的影响机制,无论是在理论分析结论还是实证检验结果,都能够为中国创新驱动战略实施的制度环境搭建提供有益的证据支持。

(2) 聚焦中国情境,关注双元驱动力对企业知识策略开展的影响机制,为创新驱动战略实施下的中国企业知识策略的布局与开展提供管理启示。本研究通过规范研究与实证检验相结合的方式,分别分析了企业知识探索、知识利用以及双元策略对企业短期利润以及长期成长潜力之间的影响机制,并通过大数据实证分析,发现了中国企业当前知识创新策略开展的情况及变化趋势。中国企业知识策略的开展、绩效表现及变化规律的总结可以为企业未来实施知识创新战略提供理论支撑和有针对性的对策建议。

第四节 研 究 方 法

本研究采用的研究方法分为两部分:理论研究和实证研究。理论研究部分,主要借助了文献研究和归纳演绎法,构建双元驱动力与知识策略之间的影响机制模型;实证研究部分,基于中国上市公司的大规模面板数据,主要采用了系统广义矩估计(System GMM)回归方法进行研究假设的检验。

1. 文献研究法

本研究主要通过文献的搜集、鉴别及整理,对制度理论、知识基础观、组织双元理论、创新理论的缘起和发展以及研究视角等方面进行归纳和梳理,并对双元驱动力与企业知识策略,知识策略与企业绩效之间关系的文献进行了观点整理与总结,以明确相关主题的研究现状、解释机理及研究创新和意义等,为本研究提供理论支撑和解释框架,为后续的数据收集和研究假设的提出提供素材和理论依据,并为研究中涉及的变量提供解释框架和测量依据。本研究主要借助文献研究厘清了研究框架中变量的逻辑关系,确定各变量的含义、测量方法,并为数据处理方法的选用提供依据。

2. 归纳演绎法

在文献研究的基础上,本研究采用了归纳和演绎两种方法构建了本研究的理论模型,并提出了相关研究假设。归纳是指从个别研究中获得较具概括性的规则,这一方法的应用主要体现在本研究的第二、第三和第四部分。第二部分中对本研究的理论基础进行了文献观点的归纳和总结,第三和第四部分则分别对双元驱动力对企业知识策略的影响,知识策略对企业绩效影响的文献的观点进行了整理和总结,并从中梳理出逻辑结构和理论框架。演绎则与归纳相反,是从一般普遍性结论出发到个别结论的推导。本研究对演绎法的应用主要体现在制度逻辑与知识策略的一般特性到对其后置因素的影响,也就是本研究具体的假设推导中。在归纳与演绎方法综合运用的基础上,构建了"双元驱动→知识策略→企业绩效"的基本影响机理模型,并提出理论模型和相应的研究假设,为后续的实证研究奠定了基础。

3. 数理统计分析法

本研究的实证研究部分主要以数理统计方法的应用为主,数据收集中采用了综合方法,一部分是基于国泰安(CSMAR)经济金融数据库中的二手数据;另一部分则是依据沪深两市上市公司的年度报告进行的文本分析数据。两者合并后,构成了本研究的实证验证数据。在后续的数据分析过程中采用了数理统计的分析方法,主要体现在以下三个方面:

(1)描述性分析。对研究数据进行回归分析之前,先采用描述性统计分析对数据进行了预处理,主要涉及样本类型、均值、最小值、最大值、标准偏差、峰度和偏度等以及各变量之间的Pearson相关性分析。通过对研究数据的预处理,可以了解研究数据的大致特征,并为其下一步的回归分析做好准备工作。

(2)系统GMM回归。由于本研究的数据属于大N小T型的面板数据,在进行回归分析时,考虑到变量的内生性及变量关系的时序关系检验的需要,本研究主要采用的是系统GMM回归方法,并使用STATA 15中的xtabond2命令对不同的模型进行具体的回归分析。该分析方法为本研究假设的检验提供了模型拟合度、工具变量的内生性检验以及影响方向和显著程度等具体数据。

(3)中介效应层次回归。本研究的理论模型中涉及中介作用的检验,主要是对知识策略在双元驱动力和企业绩效之间中介效应的层次回归。本研究遵循相应的检验程序要求,采用标准化的检验步骤和判断标准对知识策略中介作用的显著程度进行了检验和总结。

第五节 研究思路与技术路线

本研究基于制度理论和组织双元理论,从中国企业的双元驱动力出发,结合双元知识策略的研究,构建了"双元驱动→知识策略→企业绩效"的作用机制模型。在文献观点归纳和演绎的基础上,提出了本研究的研究框架与具体假设。为了验证本研究的假设观点,本研究通过二手数据和文本分析数据的结合构建了一个有关中国上市公司最长时间跨度为 17 年的面板数据库,并基于系统 GMM 分析,运用 STATA 15 软件,构建回归模型,对相关假设进行了实证检验,并根据检验结果提出了本研究的结论与启示。依据上述研究思路,本研究绘制了如图 1-1 所示的研究技术路线图。该路线图涵盖了本研究的研究背景、问题提出、模型构建以及问题的解决思路。

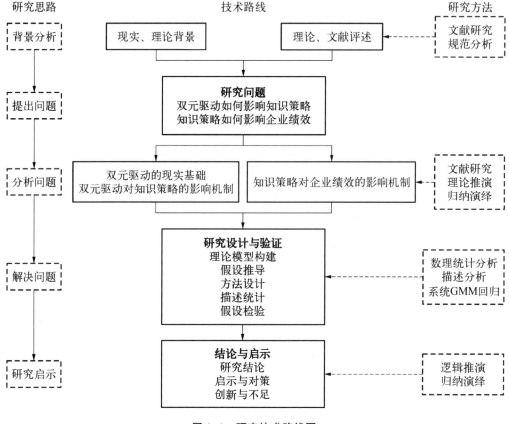

图 1-1 研究技术路线图

为了分析中国企业当前的知识策略开展情况,并对未来的知识创新策略的开展提供经验总结和建议,本研究综合了制度理论、知识基础观、组织双元理论以及创新理论,试图给出一个逻辑清晰、研究规范、结论可靠的研究范式和思路,为中国双元制度环境的设计以及企业的知识创新策略的选择提供具体的、可操作的指导和建议。

第六节 研究结构与内容

本研究基于制度理论和组织双元理论,以中国上市公司的知识管理策略为主线,探讨了政府与市场两种驱动力对中国企业双元知识策略开展及企业绩效的影响。同时,结合组织学习理论和创新理论,探讨了双元知识策略对企业创新能力与绩效的作用机理,并通过中国上市公司时间最长跨度为17年(2003—2019年)的面板数据进行了假设检验。本研究共包括九章,各章内容概述如下。

第一章是导论。内容包括了本研究选题的现实与理论背景、研究目标、选题的研究意义、研究方法、具体的研究思路和技术路线,以及整体研究的结构与内容。

第二章是对本研究涉及的理论基础进行的文献综述与评述,为本研究的开展提供了理论基础和铺垫。研究中涉及的理论主要包括了制度理论、知识基础观、组织双元理论以及创新理论。其中制度理论为本研究提供了整体的研究框架,本研究的理论框架沿着制度环境要素对企业战略选择的影响及绩效这根主线展开;知识基础观为本研究提供了基础的理论视角和研究方向;组织双元理论特别是知识探索与利用视角是本研究的主体内容及研究基础;创新理论则为本研究提供了大的研究背景和视角。第二章中分别对涉及的理论进行了内涵概述、理论发展、研究视角以及对本研究的启示等的回顾与评述。

第三章是本研究开展的现实基础,从中国经济的发展视角解释了中国企业双元驱动形成的现实土壤,并对政府驱动与市场驱动两种制度逻辑进行了分析。结合双元驱动与企业知识策略影响的研究成果,就两者之间的影响机理进行了归纳和总结,为后续理论模型的构建奠定了基础。

第四章围绕知识策略与企业绩效的影响机制展开了归纳与总结。从双元知识管理的视角出发,概括了双元知识策略的特点,分析了有关双元知识策略对企业绩效影响文献的研究视角,为知识策略对企业绩效影响机理的提出及其中介作用的阐述作出了铺垫。

第五章是本研究的理论模型和研究假设。其是在第三章和第四章的基础上提出的。对研究中的相关概念和变量进行界定,在"双元驱动→知识策略→企业绩效"基本思路的基础上提出了研究中的具体假设及推导过程。推导出了本研究的综合模型。其中,双元驱动力属于自变量,知识策略是双元驱动力与企业绩效之间的中介变量,因变量为企业的长期和短期绩效指标。

第六章是对数据收集与测量的介绍。具体内容涵盖了研究样本行业的选取,具体数据的来源和处理流程、数据分析方法的介绍;就各研究变量的度量方法的介绍;对数据的信度和效度的分析,以确保研究数据能够准确反映相关研究变量。

第七章是对样本数据的描述统计分析和预处理。以明确研究数据的特性值、数据的分布样式以及研究变量之间的 Pearson 相关分析和多重共线性检验。数据分析的目的是保证下一章数据检验分析的顺利进行和数据的适用性。

第八章对数据进行了假设检验。主要针对第五章中提出的具体研究假设进行实证检验。第一部分检验了双元驱动力对企业绩效的直接作用。第二部分验证了双元驱动力对企业知识策略开展的直接作用。第三部分验证了企业知识策略的自我强化作用。第四和第五部分分别检验了知识策略对企业短期利润和长期发展潜力两项绩效指标的作用。后续依次验证了知识策略的中介作用以及双元驱动力对企业知识策略影响的时间效应。

第九章是本研究的结论和启示。首先基于第八章的假设验证结果进行了结论汇总。然后基于数据检验的结论提出了本研究对企业知识策略开展的管理启示及建议。最后,对本研究的创新、不足以及未来研究进行了展望。

本研究的总体结构框架如图 1-2 所示。

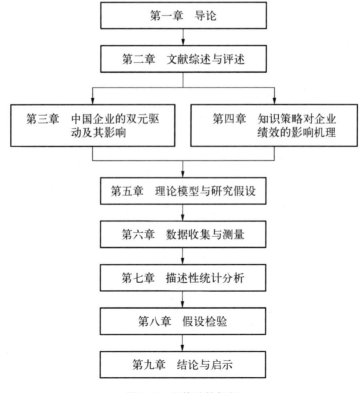

图 1-2 总体结构框架

本 章 小 结

本章作为本研究的引言，介绍了本研究选题的背景（包括现实和理论背景）、研究目标、研究的理论意义和实践意义、研究方法类型、研究的思路技术路线以及本研究的结构与内容框架。选题的背景部分，主要是结合中国经济发展的特殊背景以及发展阶段，对企业创新学习能力提出了更高的要求，同时，在理论的发展中为本研究提供了制度理论和组织双元理论的现实支撑。因此，在当前中国经济发展背景下探究中国企业双元驱动力对企业知识策略的开展以及绩效的影响机理，具有非常重要的现实意义和理论拓展意义。本文的研究方法主要涵盖了文献研究法、归纳演绎法以及数理统计分析法。最后通过对本研究结构与内容的介绍，帮助了解本研究的思路和逻辑。

第二章
文献综述与评述

本研究关注的是中国企业的双元驱动对企业知识策略的选择和绩效的影响机理，研究中涉及的重点理论包括制度理论、组织双元理论和创新理论，知识基础观作为一种解释机制也被纳入本研究的理论基础中。制度逻辑为本研究提供了理论框架，组织双元理论中的双元知识策略是本研究的重点，故在文献的评述部分重点分析了组织双元理论的发展脉络以及研究视角。创新理论虽在研究中未直接体现，但在企业的知识策略的作用机制分析中无不与创新理论相关联。通过文献的梳理和评述，以厘清本研究的理论基础和逻辑框架。

第一节 制 度 理 论

除了企业所处的产业环境以及拥有的内部资源以外，影响企业决策不可忽略的因素就是制度环境，对于中国企业而言，经历了由计划经济向中国特色社会主义市场经济的转型，企业面临的经济、政治和社会制度都发生了巨大的变化。制度环境成为影响企业从事知识创新活动的关键影响因素之一，作为企业战略管理三大研究视角之一的制度环境，也是影响企业从事知识创新活动的关键影响因素之一，本节将对制度理论的核心观点和发展进行概述。

一、制度理论的起源与发展

在组织管理领域，制度理论的研究主要借鉴了以诺斯（North）为代表的新制度经济学和以斯科特（Scott）为代表的组织社会学领域的制度理论，并采用激励机制与合法性机制解释了制度对经济发展以及对企业战略驱动的影响。

依据新制度经济学的观点，制度是一种资源配置的体系，包括了市场机制、组织机制、战略联盟等，选择何种方式主要取决于交易费用。威廉姆森（Williamson）的交易成本理论为企业的边界、企业的一体化策略以及多元化等战略选择提供了解释，但交易成本理论并未触及制度的本质。诺斯（North）认为制度是人为设计的，目的是为了约束社会中人的行为模式。诺斯将制度分为正式制度和非正式制度。斯科特提出了制度的规制、规范和认知三维度架构,并指出制度为社会生活提供了稳定性和意义。同时,企业的经济行为也要受到社会规制、规范与认知的影响,在取得外部力量认同的同时获得合法性。合法性机制是诱使组织或迫使组织采纳在外部环境中具有合法性的组织结构或做法的一种制度力量(周雪光,2003)。组织社会学领域的合法性机制为组织结构与内部规则的趋同性提供了合理的解释。有研究者同时吸纳了新制度经济学和组织社会学中的制度主义理论,继而提出,制度因素是产业结构理论、资源基础观之外的第三大组织战略的解释机制(Peng,2009)。特别是对处于转型经济体中的企业而言,制度因素是影响企业决策不可忽略的重要因素(魏江等,2014)。

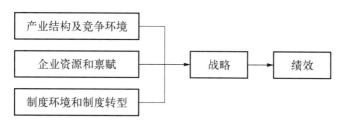

图 2-1　企业战略制定的三大研究视角

资料来源:Peng M W, Sun S L, Pinkham B. The institution-based view as a third leg for a strategy tripod[J]. Academy of Management Perspectives, 2009, 23(3): 63-81.

如图 2-1 所示,产业基础观认为企业战略和绩效的差异来源于产业结构及竞争环境的不同;资源基础观则解释了同一产业中企业战略和绩效的差异主要来源于企业所拥有的资源和禀赋的差异;而制度理论则为企业战略选择与绩效的趋同性提供了解释机制。该机制主要通过强制、模仿和规范三种方式来实现(DiMaggio & Powell,1983)。制度理论与前两种理论形成互补,认为企业的决策行为不仅受到产业环境以及自身资源的影响,同时还受到企业所处的国家、社会、文化等更广泛的环境因素的影响。传统战略理论强调技术环境对企业行为的影响,促使企业追求内部效率。而制度理论则以制度为研究核心,强调组织在制度环境下的同构现象。如在政治领域中生存,企业需要满足政府的要求(Meyer 等,2009),在一个有着价值主张的社会框架中,企业的行为同样也要受到社会期望的影响。

随着制度理论研究的深入,学者们从不同的角度深化了对制度理论的认识。如有学者区分了企业微观制度和宏观制度,并研究了这两种制度对企业持续创新的影响,微观制度主要指企业的内部制度,宏观制度则主要指国家层面的大的制度环境(向刚,可星,2001)。也有学者将制度的类型划分为企业内部制度和外部制度(张泳,2007),并认为企业可以在不同的制度环境中获取竞争优势。另外,有学者从动态的视角指出,企业应该转变以往被动接受制度环境约束的观点,加强与制度环境的互动,并积极主动地应对环境的改变,甚至推动国家和社会制度环境的完善,以实现自身利益和环境改善的双重目的(Meyer,Rowan,1977)。

二、制度理论对本研究的启示

制度理论解释了外部制度因素通过合法性机制对企业决策行为产生的同构影响,但制度理论并没有解释企业在相互矛盾的制度逻辑下的行为选择问题。本研究构建了一个双元驱动力对企业知识策略选择的影响模型:一方面,借鉴制度理论的研究视角,从企业所处的制度环境的角度解释企业的战略行为选择,进而影响企业绩效的研究视角;另一方面,本研究延伸了传统制度环境仅仅关注企业外部因素对企业行为的影响,也从企业内部分析了不同的制度逻辑对企业战略选择的影响,并从理论和实证的角度探讨企业内部不同的驱动力的制度逻辑对企业知识策略选择和绩效的影响。

本研究关注的两种制度逻辑分别是市场的制度逻辑和政府的制度逻辑,本研究试图回答这两种存在一定冲突的制度逻辑在企业内部是如何影响企业决策的:市场的制度逻辑通过内在的利益驱动促使企业对市场作出回应,而政府的制度逻辑则主要以股权占有的形式通过高管的选拔机制形成的内部决策权来影响企业的行为。在多元制度环境下,企业的行为会如何发展改变?通过本研究的探究,希望能够为制度理论增加有益的拓展,以加深人们对制度逻辑的认识。

第二节 知识基础观

资源基础观(Resource-Based View)认为企业的竞争优势源于其所拥有的稀缺的、有价值的和难以模仿的资源(Barney,1991;Conner,1991)。随着科技的进步以及服务业的发展,知识被越来越多地视为企业最有价值的资源。拓展和延伸原有的资源基础观,知识基础观(Knowledge-Based View)将企业定义为"异质性知识的整合体",并将知识视为企业获得竞争优势的核心资源,企业的竞争优势源于对知识的创造、整合和应用(Spender,1996;Grant,1996)。有学者也表达过类似的观点:企业的经济能力和生产能力越来越多地依赖于知识和服务等软实力,而不再是硬资产,如土地、厂房和设备……几乎所有的国有企业和私营企业,都在逐渐成为知识的储备者和协调者(Quinn,1992)。对于企业管理而言,这一视角意义非凡。知识基础观将关注的焦点从传统资源视角中的"价值占有"转向了"价值创造"(Moran & Ghoshal,1996),将企业价值创造的核心从"静态的资源"转向了"动态的能力"。

一、知识基础观的研究视角

17世纪的英国哲学家培根曾说"知识就是力量",对现代社会而言,知识就是进步的力量。知识本质上是对现象的解释,当然,并非所有解释都属于知识。现代科学技术的进步,使得知识与信息的数量迅速增长。

首先,知识基础观认为"知识是一种非常重要的生产性资源";其次,从主体的角度来讲,知识是以人为载体而产生的,并通过个人进行消化和吸收。企业作为人的集合,则可以通过提供内部的沟通和整合机制将个人知识进行整合、创新以创造出新的知识。同时,个人往往是企业中隐性知识的关键储存节点。英国哲学家迈克尔·波兰尼(Michael Polanyi, 1966)提出,所有的知识都具有隐性维度,并首次把知识划分为"隐性知识"(Tacit Knowledge)和"显性知识"(Explicit Knowledge)。由于大多数知识均具有一定的情境依赖和规模经济特性,导致知识模仿和应用的边际成本较低(Grant, 1996;吴晓波、章威,2007),因此,部分学者认为企业的主要职能在于对知识的整合和应用,而非新知识的创造(Grant, 1996)。相反观点则认为正是由于对知识的转化和创造,特别是将隐性知识嵌入到企业运营管理的内部环节,才实现了知识创造、整合和应用的完整过程(Nonaka, 1991)。有关知识整合过程的研究,学者们则依据不同的划分依据或研究视角,将知识的转化过程及企业的知识应用过程进行了探究(Nonaka, 1991;Amidon, 2003)。

除了个体和组织层面的知识基础观,也有学者将这一理论引入产业层面(牛盼强、谢富纪,2011),并引入了"产业知识基础"的概念。该理论认为,产业中相同类型的企业之间可以通过共享、共用基础性信息或知识以达到组织间的协同发展。同时,该理论还指出,产业知识基础也可以促进知识的创造,有两种路径可以实现:一种是通过综合型知识基础的应用或重新组合实现的知识创新;另一种则是通过解析型知识基础的科学探究实现的知识创新(Asheim & Coenen, 2006)。显然,这两种类型的知识创新对企业的影响及获取途径存在本质的差异,应用及新的组合创新类似于马奇(March, 1991)提出的利用性学习,而科学探究的知识创新则类似于知识的探索性学习,局限于产业知识基础层面,实现的主体不是单个的企业,而是与产业相关联的科研机构。

二、知识基础观与知识创新策略的关系

知识基础观为企业知识创新策略的研究提供了一个相对开放和动态的研究视角。知识经济时代,企业要发挥知识的战略价值,就要重视企业外部知识的获取以及内部知识的利用和创新,只有重视知识创新,才能从根本上发掘和利用组织内外部重要的战略知识资源,知识是创新的本质,创新从根本上说是基于知识的创新,知识创新是创新的核心和灵魂(马德辉,2007)。

日本学者野中郁次郎(Ikujiro Nonaka,1991,1994,2001)以及竹内广隆(Hirotaka Takeuchi,1995)从认知和实体的角度分析了组织内知识创造的动态过程,提出了著名的隐性知识与显性知识相互转换模型(SECI模型)以及知识螺旋。两位学者同时也对知识创造的条件、情境、知识创新管理的过程和机构等进行了分析。以野中郁次郎为代表的"知识创造论"的核心即认为组织是"创造知识的实体"(A Knowledge-Creating Entity),并指出知识以及知识创造和利用的能力是企业持续竞争优势最重要的来源(Ikujiro Nonaka & Ryoko Toyama,2000)。知识基础观为当前的知识创新管理策略提供了一个从知识角度阐释创新问题的重要机制,该机制也被称为"创新知识基础观"(马德辉,2007)。知识创新机制的假设主要基于两点考虑:一是认为知识是创新的基础,组织内部的知识整合、创造转移及共享等环节均是为创新服务的,同时其实质也就是知识创新的环节;二是认为企业的创新在本质上就是知识的创新,只有从知识的角度来理解、解释创新,才能认识创新的本质,即创新的本质就是知识创新。企业的知识策略也就是企业的创新策略,创新策略就是企业有关知识的获取、整合、利用及开发的战略部署。

早在1934年,熊彼特就在《经济发展理论》一书中论述了"创新理论",他从经济发展的角度指出"创新就是生产函数的变动",也就是生产函数中的"新组合",即一种新的生产要素、新的生产方法、新的组织方法等生产出新产品或投入新的市场等都属于创新。而所有这些创新的环节中,无不包含了"新知识"的产生。日本学者也从隐性知识与显性知识的相互转换过程中论证了创新的知识本质及这种"知识创新"对日本企业持续获取竞争优势的关键作用(Ikujiro Nonaka,Hirotaka Takeuchi,1995)。美国学者戴布拉·艾米顿(Debra M. Amidon)也从知识转化的角度论述了创新的作用,该学者认为创新是为了企业的卓越、国家的经济繁荣以及整个社会的进步,进行创造、发展、交流和应用新想法,并将其转化为市场适销的商品或服务的过程,并将这一创新过程描述为3Cs,即知识创造(Knowledge Creation)、知识转换(Knowledge Conversion)和知识商品化(Knowledge Commercialization)三个阶段。

三、知识基础观文献评述

知识基础观的发展主要得益于知识经济的发展以及人们对知识重要性认识的提升。客观地讲,知识基础观还未形成较为严谨的理论体系和概念框架,学者们从不同的视角对其进行了探索。如从知识的类型角度,学者们普遍认为隐性知识更加具有稀缺、难以模仿的特性,被认为是帮助企业持续获取竞争优势的核心资源,因此,受到此领域学者的更多关注。除了隐性与显性维度的划分以外,还有学者从广度、深度以及组织内部、外部等视角探究了知识的不同维度对企业竞争优势的影响。从知识创造的过程视角,既有日本学者野中郁次郎的隐性知识与显性知识相互转换模型(SECI模型),也有美国学者戴布拉·艾米顿的3Cs理论。此外,知识基础观的应用范围较广泛,不仅在产业层面发展出了"产业知识基础",还在其他领域被学者们广泛应用,如与创新理论的结合,发展出了创新的"知识基础"等视角和理论。

综合而言,知识基础观强化了知识作为生产性资源的重要作用,对企业竞争优势的来源从静态的"资源占有"拓展到动态的"能力发展"的视角,为企业管理开拓了一个崭新的动态开放的视角,也为企业的知识管理提供了理论基础。本研究证实基于这样的理论假设,将企业视为一个"动态的、进化的、半自治的"知识生产和应用系统(J. C. Spender,1996),进而探讨中国企业内部知识策略安排的独特前置因素——政府驱动及其后续影响机制,为中国企业的知识管理策略提供借鉴。

第三节 组织双元理论

一、组织双元理论的起源与发展

双元理论(Ambidexterity Theory)源于组织进化理论,兴起于组织学习理论。组织进化理论将组织视为有生命的机体,必须适应外部环境的变化,而环境的变化有时是渐进式的,有时是突变的,而组织很难同时具备适应这两种变化的能力。"双元"(Ambidexterity)一词的最初含义是指一个人能够同样灵巧、熟练地运用双手的能力。后来这一词汇逐渐被用来形容组织能够同样有效应对不同类型事物的能力(Birkinshaw,J & Gupta,K,2013)。组织双元理论的实质就是试图对组织悖论进行管理(张玉利,李乾文,2006)。罗伯特·邓肯(Robert Duncan,1976)开创性地在其著作中使用了"双元型组织"一词来描述很多企业在管理涉及不同时间范围和管理能力活动时所显现的"二元结构"特征,即组织的"结构性双元"。20年之后,组织领域的双元研究逐渐兴起。有学者将组织双元聚焦于探究企业如何同时管理两种类型的创新过程:渐进型创新(Evolutionary Change)与变革型创新(Revolutionary Change)(Mike Tushman,Gharles O'Reilly,1996)。他们的观点很快传播到了商界,并扩展了当时企业界关于如何应对破坏性技术变革的争论,然而直到21世纪初,他们的观点才逐渐得到学术界的广泛关注。值得注意的另一对概念——效率(efficiency)与灵活性(flexibility),则起源于对通用和丰田的合资企业NUMMI的汽车工人的民族志研究(Adler,Goldoftas,Levine,1999)。同时,在组织学习领域,基于马奇(March,1991)的探索(Exploration)与利用(Exploitation)概念的提出,组织双元理论开始在技术创新和战略领域兴起,大量关于组织双元的研究开始涌现(Hedlund & Ridderstrale,1995;Levinthal & March,1993;Zack,2003,1999)。而马奇的文章也成为组织双元研究领域中被引用次数最高的文献之一(Birkinshaw,J & Gupta,K,2013)。

除了以上几组概念,学者们还使用了其他名称来描述组织需要面对的双元情境,如规范(Alignment)与适应(Adaptation),集成(Integration)与响应(Responsiveness)等。无论哪种情况,都可以使用"双元"这一概念框架来界定。或许,除了新潮与先进之外,功能强大和广泛适用的特性才是组织双元理论得以发展壮大的根本原因。不同的学者结合不同理论从不同的视角拓展了组织双元的内涵,本研究通过文献梳理,对组织双元理论的研究视角进行归纳和总结。

二、组织双元理论的研究视角

（一）结构视角

结构视角的双元理论源于组织理论,是组织双元领域较早出现的一种研究视角。该视角认为组织可以通过内部结构的分割来适应不同类型的环境变化。也就是说,组织内部可以由不同结构的业务部门来承担不同类型的活动,即为了满足现有顾客的需求,提升组织对当前技术的利用效率,可以采用规范的组织结构进行流程的控制;为了发现新的市场机会或开发新的产品以满足未来顾客的需求,组织内部可以由完全不同的结构和氛围的业务部门来开展活动(Tushman 和 O'Reilly,1996;Duncan,1976)。此种实现途径相对容易理解,且有企业的成功实践作为支撑,因而受到了较多研究者的青睐。

（二）行为视角

基于组织情境理论的行为视角认为,组织无需采取内部双元结构来支持企业采取双元行动,而应该通过创设一种双元性情境,允许组织成员自行选择,该视角提出了匹配性(Alignment)和适应性(Adaptability)原则。所谓匹配性,是指为了实现组织的共同目标,而对组织的各项活动进行协调,并使他们互相匹配;适应性则是指快速重组组织活动使之适应外部需求的变化。吉布森(Gibson)和伯金肖(Birkinshaw)强调,组织内部应该通过绩效管理和关系支持的情境创设,并通过系统管理、流程设计和信念来影响组织成员的行为,让他们在双元行为中做出自己的选择。此观点在理解上容易产生偏差,实际操作中也会遇到难以量化和路径模糊性等问题,因此,运用起来会存在较多障碍。结构视角强调在组织职能结构的层次上创设双元支持,而行为视角更强调对组织成员进行矛盾思维观念的灌输,进而影响其行为选择。

（三）能力视角

能力视角基于组织学习和动态能力理论,所谓双元能力是指组织同时具备开展知识探索和知识利用的学习能力,此观点源于马奇(March,1991)探索性学习和利用性学习的观点。将双元能力视为一种动态能力则是在 2000 年之后的事。现有研究主要关注双元学习能力如何提高组织绩效,而很少探讨双元能力的构建问题。2007 年,有学者专门探讨了组织双元能力的构建,提出组织必须协调组织愿景、战略目标、组织结构和团队领导力以及领导思维五个方面(O'Reilly,Tushman,2007)。

组织双元能力的建设需要组织方方面面的支持。企业高管作为组织的领导者,具备辩证矛盾的思维模式是关键。组织高管还要善于创设有利于组织双元能力构建的管理情境,合理配置企业资源,并在组织内部形成有利于双元成果巩固的绩效管理体系。除了组织内部因素的影响,外部市场环境、行业特点以及社会文化氛围等外部因素也会影响组织双元能力的建设和作用的发挥。

(四)组织间关系视角

随着对组织双元理论探索的深入,除了组织、业务单元和个人行为选择层面,一些新的研究也开始探索组织间的双元平衡问题。如有学者探究了企业在联盟构建决策中的双元平衡问题,并指出企业的吸收能力和组织惯性会对价值链联盟功能发挥中的探索活动和利用活动、合作方的特点以及合作方的网络位置形成相反的作用力(Lavie,Rosenkopf,2006)。此外,他们还指出,尽管路径依赖会促使企业侧重探索或利用,但组织会进行跨时期或跨领域的双元平衡。一些学者吸收了结构、行为和其他双元视角的长处,从组织和组织间层面构建了一个跨层次模型,从时间和结构两个维度对双元性进行了区分,并试图将结构双元和情境双元纳入同一个理论框架中(Simsek,2009)。

目前有关组织间双元的研究非常有限,此领域还需要学者们的进一步探究和深化,以回答"为何要实现组织间的双元"以及"如何实现组织间的双元"等问题。

三、组织的双元知识策略

组织双元理论中受到普遍关注的一种研究视角是基于马奇(March,1991)的探索性学习和利用性学习的能力视角,在此基础上,将其延伸到企业战略管理和创新管理等领域。如在组织学习领域,学者们提出了两种类型的组织学习方式:"探索型学习"和"利用型学习"(March,1991;Levinthal & March,1993;Crossan,Lane and White,1999;Atuahene-Gima & Murray,2007;朱朝晖 & 陈劲,2008)。在创新管理领域,则提出了"探索型创新"和"利用型创新"(He & Wong,2004;焦豪,2011)。

知识探索和知识利用策略的开展都需要占用企业的资源。知识探索策略需要的资源投入更大,获得收益的风险更高、时间周期更长,而一旦成功,对企业的长期发展具有强有力的促进作用;而知识利用策略短期而言对企业更为有利,获得收益的确定性更高,时效性更强,但缺乏后劲,只能在一定程度上提升企业的绩效。一般而言,探索往往与有机的组织架构、松散的集合系统、路径开拓、临时性、自主及混乱、新兴市场和技术等相联系;利用则与机械式组织结构、紧密联系的系统、路径依赖、程序化、控制与官僚、稳定的市场和技术相联系(Brown & Eisenhardt,1998)。这就迫使企业必须要均衡长期和短期的决策部署,将资源和精力更多地投入长期的知识探索还是短期的知识利用,抑或是两者兼顾,则与公司的成立动机、组织结构、能力、文化和运作机制等密不可分。

依据企业的知识资源和能力与战略知识需求的匹配程度,有学者探讨了这两种知识策略的不同应用(Zack,1999)。当企业的知识资源和能力不能满足战略知识需求时,企业倾向于进行知识探索来缩小内部知识差距;当知识资源和能力能够满足或足以维持企业的竞争优势时,企业倾向于开展知识利用活动。知识探索和知识利用两者并不相互排斥。纯粹进行知识探索而不加以利用,长期来看,经济上将无法持续,除非获得补贴或直接产生现金流,如科研院所。而只进行利用,不加以探索,企业所拥有的知识最终将变得陈旧过时,企业也将油尽灯枯。只有两者达到平衡,将知识探索和知识利用紧密协同和整合,才是真正的创新者。尽管同时开展知识探索和知识利用策略,对企业而言存在着资源限制等诸多困难,为了实现企业的更大价值和长期的成功,企业应该采用均衡的双元知识策略(Jansen, et al.,2006;Levinthal & March,1993)。

结合马奇(March,1991)的定义和内涵,汇总当前的研究成果,本文对知识探索策略和知识利用策略进行了多角度的分析,从九个方面对两种知识策略的特点进行了比较分析(具体见表2-1)。

表2-1 知识探索与知识利用策略的比较

角　　度	知　识　探　索	知　识　利　用
聚焦内容	新知识的创造	已有知识的改进
作用机制	差异化,适应变化	提升效率,改进现状
实现途径	增加变异,提高可能性	减少变化
获益时间	长期	短期
风险性	大	小
资源需求	更大	较小
创新幅度	较大	较小
适宜文化	灵活有机	传统科层
双元寻求原因	失败陷阱	能力/成功陷阱

(1) 聚焦内容：知识探索策略强调"新知识的创造"，重在"新"和"创造"；而知识利用策略则聚焦于"已有知识的改进"，侧重于"已有"和"改进"。

(2) 作用机制：侧重知识探索策略的企业会通过建立与竞争对手的差异化，适应外部环境或需求的变化；而侧重于知识利用策略的企业，则将企业的发展重心落脚于对已有知识的精炼和改进，表现往往是效率的提升或功能的优化。

(3) 实现途径：探索策略通过增加变异，从而为企业未来提供更多的可能性；而利用策略则希望通过降低变异，维持现状和稳定性。

(4) 获益周期：实行探索策略需要投入的周期更长，成果转化的时间也更长，因此，这一类型的企业更看重长期的生存和获利性。而采取知识利用策略可以快速为企业带来较为稳定的收益，见效更快，采取这一策略的企业则更注重眼前的利益。

(5) 风险性：探索策略与利用策略时间周期的不同决定了它们所面临的不确定性和风险也是不同的，周期越长的风险也就越大，因此，知识探索策略的风险远远大于知识利用策略。

(6) 资源需求：相对而言，知识探索策略的资源需求更大；而知识利用策略由于是基于对当前知识或技能的改进，资源需求相对较小。从资源的利用效率来看，知识利用策略对资源的短期利用效率更高。

(7) 创新幅度：知识探索强调对新技术、新产品或新市场的开发，往往创新幅度较大，对企业或行业带来革命性的进步，其成果一般称为革新式创新；而知识利用强调渐变的、小幅度的改进，其成果一般称为渐变式创新。

(8) 适宜文化：不同的知识策略需要有与其相适应的文化和组织架构的支持，由于知识探索策略更需要激发员工的创造性思维、发挥团队成员的主动积极性，此时采取灵活有机的组织结构或更为自由的文化氛围更能发挥出团队成员的作用，促使成员产生更多的有创意的想法。如 Google 公司采取的便是与鼓励创新相适应的无固定组织架构的模式，组织氛围也更为自由，同时鼓励员工自己找活干，鼓励员工留出 10% 的闲暇时间组建或参与到自己感兴趣的项目团队中；而在传统的科层组织架构中，任务往往是自上而下进行传达，员工很少有权利、时间或空间开展自由的创新活动，这样的组织架构和氛围不利于探索性创新活动的开展。因此，在传统的科层组织中，小幅度的、渐进式的改进是相对容易开展的，所以，对重视利用策略的企业而言，采用传统的机械式组织架构较为有利。而对于已经采用此类架构的组织而言，则很难开展创新性较大的知识探索活动。

(9) 双元寻求原因：依据马奇(March，1991)的观点，采取单一知识策略的企业无法维持长期成功。知识探索往往是企业在面临竞争劣势、无法破解当前的竞争压力时不得不寻求的一种策略，以期为企业寻找新的出路。而知识探索失败的可能性较大，成功的概率较小，一旦成功，则为企业带来新的技术和发明，开启新的发展机遇。如果企业只进行知识探索而不加以利用，就无法将创新转化为有价值的产品，也自然无法带来收益。缺乏收益支持的知识探索只会令企业陷入更深的"失败陷阱";倾向于采用知识利用策略的企业往往面临较为有利的竞争态势,利用策略短期内能够为企业提供持续的现金流。而一味采取知识利用策略的企业表面看似"成功",实则缺乏后劲,一旦有新的技术变革或需求变化,企业则难以招架,因此,企业就会陷入"成功陷阱"。如20世纪90年代的诺基亚手机,一度席卷全球,成为2G时代的行业老大。但随着3G时代的来临以及iPhone触摸屏手机的出现,它被时代抛弃也只是一瞬之间,由于缺乏对新技术的预判与准备,甚至还来不及审视一下自己的不足,就倒在了曾经的辉煌之中,这就是现实中典型的"成功陷阱"。

学术界就两者之间的关系争论已久,有的观点认为两者是对立的,一种策略的实施会限制和阻碍另一种策略的实施。另一种观点则认为两者是互补的,企业应同时开展两种类型的知识策略(即双元策略),比较有代表性的学者是马奇(March)和诺特(Knott)等。诺特指出丰田就是因为同时开展了两种类型的知识策略才使企业获得了持续的成功:知识探索能够使企业不断推出新产品和创新;知识利用则可以使公司降低学习成本(Knott,2002)。因此各领域的学者开始将焦点从"两者是否互补"转移到"如何实现互补",如"双元平衡""间断平衡""有机双元平衡"等观点不断涌现。

四、组织双元理论对本研究的启示

目前,有关组织双元的研究数量呈指数增长态势,而"双元"概念的边界也进一步得到扩展,而学术界对组织双元策略的概念界定并未达成一致。本研究借鉴朱利安·伯金肖(Julian Birkinshaw)和古普塔(Gupta,2013)的观点,将"双元"界定为组织实现和平衡两种不相容的管理目标的能力,并以组织学习的双元知识策略为研究视角,以马奇(March,1991)提出的组织学习中的探索和利用学习策略为基础,结合分析模型(Uotila,2008),研究双元驱动力与组织学习的不同知识策略安排与企业绩效之间的关系。

本研究中的"双元"具有两种表现,一种来自影响企业决策的外部双重驱动力量,分别指政府驱动和市场驱动;另一种则来自企业内部为了应对环境变化而开展的知识策略活动,借鉴马奇(March,1991)所提的组织学习的双元能力视角,研究中主要探究了企业开展知识探索和知识利用两种学习活动的策略部署对中国上市公司的绩效影响机制,具体如图2-2所示。

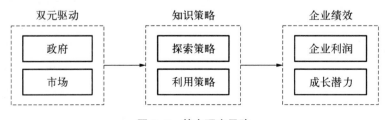

图2-2 基本研究思路

第四节 创新理论

一、创新概念的提出

最早正式提出创新理论的学者是美籍奥地利政治经济学家熊彼特,其在1912年发表的《经济发展理论》一书中首次指出了经济发展不均衡现象,并在1934年的英文版中使用了"创新"(Innovation)一词。他在后续的文章中提出创新的过程性观念,并较为全面地阐述了创新理论。熊彼特的创新理论影响深远,被誉为"创新理论的鼻祖"。

熊彼特认为创新就是建立一种新的生产函数。也就是说,一种新的生产要素或者生产条件的新的组合而形成的新的生产能力,这种创新能够为企业带来潜在的收益。在论述这一过程时,熊彼特首先假定在一个均衡的经济体中,没有创新的存在。科学与发明作为一种外生的要素,存在被引入经济体并产生更多创新收益的可能,这种可能就会激励企业家去从事创新活动,替代原有的生产组合,于是就出现了一种新产品或新工艺。由于创新活动能够为创新者带来垄断收益,这就会吸引更多的模仿者,进而导致了创新的扩散。由创新所带来的资金也会随着创新产品价格的回落而耗散,进而经济体从原来的均衡走向一种新的均衡。在这一过程中,新的企业诞生,旧的企业毁灭,因此,该过程也称为"创造性的毁灭"。熊彼特认为,企业的目的就是通过创新来抓住市场机会,并淘汰竞争对手。而采用创新的方式参与竞争要比单纯依靠现有的产品和价格竞争更有效。

尽管到了20世纪40年代,熊彼特的创新理论有了较大的改变,创新的过程包含了内在的研发,即技术发明的内生性,但他的阐述确实抓住了创新过程的本质属性——经济发展的过程,其实质就是从模仿到创新的技术推动过程。熊彼特也在经济发展的周期性的阐述中证明了创新观点的正确性,并于1967年明确提出,创新是经济增长最重要的推动力。

二、创新形式

虽然熊彼特首次提出创新理论,但他对创新的界定并没有限定在狭义的范围,他指出创新必须能够创造新的价值,并从理论的角度对发明和创新进行了区分。他认为新工具或新方法的发现并不是创新,创新是新工具或方法的应用,因此,熊彼特的创新模式可以归纳为"发明—创新—扩散"。熊彼特所界定的创新形式共包括五种类型:

(1)创造一种新的产品或者已有产品的一种新特性。

(2)采用一种新的生产方法,通常是未经检验的新方法,未必是建立在科学的新发现基础上的,也可以是一种新的商业处理方式。

(3) 开辟一个新的市场,所谓新市场是指某一经济体以前不曾进入的市场,无论该市场之前是否存在。

(4) 取得一种新的原材料或半制成品的供给来源,无论这一来源是否已经存在还是第一次被创造出来。

(5) 实现一种新的产业组织方式或企业重组方式,如形成一种垄断地位或者打破一种垄断地位。

从以上五种形式的创新可以看出,熊彼特所界定的创新形式并不仅仅限于新产品、新技术、新市场等开拓性创新,也包含了诸如原有产品的新特性这样的渐进性创新,以及原材料的新的来源、产品的新的组织方式以及产业组织等形式。

除了熊彼特的五种创新形式,制度领域的学者结合熊彼特的创新理论,也提出了制度创新理论,如兰斯·戴维斯和道格拉斯·诺斯在1970年发表的《制度变革与美国经济增长》中指出,制度创新是经济长期增长和社会进步的原因。他们界定的制度创新是指一种新的经济组织形式或经营管理方式的革新,此类创新相对于熊彼特的第五种创新类型,该制度创新理论突破了企业和产业,放在了国家或地区等更大的层面,研究的视角也从经济的主体——企业,转移到了体制、机制、文化及保障条件等环境要素。

三、创新理论的发展

1950年熊彼特去世,其后的追随者沿着他开创的创新理论进一步探索,形成了两条相对独立的研究路线:一条是以技术变革与推广为研究对象的技术创新论,并发展出了路径依赖理论和技术生命周期理论;另一条则开拓了熊彼特的产品和技术创新的范畴,将制度变革和制度推进作为研究对象(舒俊,2017)。

按照时期以及研究主题的变化,创新理论被分为以下三个阶段:第一阶段是以熊彼特为代表的创新理论,关注点是在经济学背景下的企业创新行为;第二个阶段则是在20世纪70年代末,以冯·希伯尔为代表的技术创新过程中企业间的相互作用理论;第三个阶段则是同时借鉴李斯特(List)的"国家体系"概念发展起来的国家创新体系理论,关注点则由企业扩展到了产业、区域以及国家层面,将创新体系看作是社会中各实体相互联系的网络。

本部分主要围绕创新主体、创新要素的延伸和发展进行介绍,并对创新理论发展的最新成果——国家创新体系理论进行概述。

(一) 创新主体及要素的延伸

马克思强调了人在创新中的核心本体地位;熊彼特强调了企业家以及资本在创新体系中的作用,并明确提出"企业"是创新得以开展并取得成果的关键。随着创新体系概念的提出,创新主体则不限于企业,还包括了政府、科研机构以及中介组织等。其中,企业是实现技术创新的主力,是创新体系的核心。市场环境则是企业开展创新活动的基本背景。"知识"要素经历了外生和内生增长理论的变化,最终被内生增长理论纳入经济增长的要素中,并被具体化为"专业化投入"(即 R&D 投入)。保罗·罗默在《收益递增与长期增长》中指出,考虑经济增长时,除劳动和资本外,也应加入"知识"要素。他认为,技术进步与创新是企业为了获取垄断利益而有意开展的活动,以 R&D 为基础的增长可以分为两类:一类是新产品的发明和创造,另一类是旧产品的升级改造,也即后来的开拓性创新和渐进型创新。开拓性创新往往意味着原有产品的淘汰,因此,也被称为"破坏性创新"。

(二)国家创新体系

国家创新体系(National Innovation System,NIS)的概念最早由伦德瓦尔(Lundvall Bent Ake)于 1985 年提出,但在 1987 年,英国苏塞克斯大学科学政策研究所的克里斯托弗·弗里曼(Freeman Christopher)才予以最先描述。他在描述中强调政府政策、企业研发、教育培训以及产业结构四个方面因素的重要作用。该理论的提出基于两大基石:一个是熊彼特的企业创新体系;另一个是李斯特(List)的国家体系。

表 2-2 对国家创新体系概念进行了梳理。

表 2-2 国家创新体系概念定义列表

提出者(年份)	国家创新体系概念界定
Nelson Richard R (1987)	国家创新体系是由大学、企业等有关机构形成的复合体制,制度设计的任务是在技术的私有和公有两方面建立一种适当的平衡
Freeman Christopher (1992)	提出广义和狭义两种不同理解:从广义上说,国家创新体系包括国民经济中所涉及的引入和扩散新产品,以及与此有关的过程和系统的所有结构;从狭义上说,国家创新系统仅包括与科学技术活动直接相关的机构
Lundvall Bent Ake (1992)	国家创新体系是由一些要素及其相互联系作用构成的复合体,这些要素在生产、扩散和使用新的、经济上有用的知识的过程中相互作用,形成一个网络系统
Pari Patel Keith Pavitt (1994)	国家创新体系是一个国家制度安排、组织效率和国家能力的体现,用以测度一国技术和知识流动的效率和方向
Scott Metcalfe (1995)	国家创新体系就是一个以国家为单位的创新系统,由一群在新兴科技的发展上互相有关联的机构组织所组成,从事有关知识的创造、储存、应用与转移
经济合作与发展组织 (1997)	国家创新体系是由参加新技术发展和扩散的企业、大学和研究机构组成,是一个为创造、储备和转让知识、技能和新产品相互作用的网络系统

续　表

提出者(年份)	国家创新体系概念界定
中国科学院 （1997）	国家创新体系是在政府和社会部门的共同作用下，为促进发展技术创新而形成的机构和制度网络，各创新链间的彼此作用和联系形成了整个创新网络体系
路甬祥 （1998）	国家创新体系是指由科研机构、大学、企业及政府等组成的网络，它能够更加有效地提升创新能力和创新效率，使得科学技术与社会经济融为一体，协调发展

资料来源：节选自郑小平.国家创新体系研究综述[J].科学管理研究,2006(4):1-5.

从表2-2对国家创新体系概念的梳理不难看出，目前学术界还没就此概念形成统一的认识，但有几点共识：一是当前有关国家创新体系的定义中基本沿用了熊彼特的技术创新思想，将技术和知识作为创新的主导；二是国家创新体系的构成主体涵盖了政府、科研机构、企业及中介组织等类别；三是随着信息技术的发展和知识经济的兴起，国家创新体系的网络化和动态化特征逐渐显现。

国家创新体系概念的提出，突破了传统的企业创新范畴，将国家的制度创新和组织创新纳入经济发展的解释变量中，进而拓展了创新理论的研究层次，使得国家层面、区域层面、产业层面和企业层面的研究相互交叉、渗透，涌现出了许多重要的研究成果。

国家层面的研究主要得益于国家与国家之间的技术合作，如有学者研究了中国和欧盟之间的技术合作模式（Bernadette & Wei Qian, 1999）；有学者基于日本和韩国的经验，研究了战略合作研究的成效及教训（Markio Sakakibara & Mark Dodgson, 2003）；有学者探究了在知识经济背景下，爱尔兰借助欧盟的创新联合来发展本国知识体系的路径问题（Kostiainen & Markku Sotarauta, 2003）。区域研究方面，学者们从不同的角度探究了企业集群、区域产业复兴及政策支持等主题（Magnus Holmen, 2002；Katharine N. Rankin, 2003；李凌已，胡平，2005）。相对而言，产业层面的研究更为丰富，如学者们专门对信息技术产业、媒体产业、日本机器人产业等产业的创新政策进行了研究（Govindan Parayil, 2005；Schweizer T. Sophie, 2003；Nageswaran Kumaresan & Kumiko miyazaki, 2001）。产业领域的研究主要集中在产业政策、发展方向或创新路径等方面。企业层面的研究相对比较多角化，如从创新成本、创新驱动政策以及知识流动、组织政策等方面探讨了国家创新体系的构建问题。

随着经济发展的全球化，国家创新体系的国家边界也在逐步淡化，并呈现出创新体系国际化的趋势，卡尔逊（Carlsson）于2003年最早提出创新体系国际化的概念。经过30多年的发展，国家创新体系的研究框架日趋完善，并成为各国政府和国际组织研究和制定创新政策的主要分析工具之一。

本 章 小 结

本章对研究中涉及的相关理论进行了概述,并对相关理论的研究现状和发展进行了评述。通过文献的梳理和评述,以明晰当前研究中的发展趋势及研究不足,为搭建本研究的逻辑框架提供了有益的借鉴和扎实的理论基础。

通过综述发现,制度理论为本研究提供了大的研究框架,本研究的自变量为双元驱动力,驱动力的来源主要通过制度逻辑来影响企业的知识决策行为,同时本研究也拓展了现有的制度理论,研究了一种更为复杂的相互矛盾的制度逻辑对企业行为的影响机制。

此外,知识基础观为本研究的研究对象——企业的知识决策奠定了基础,该理论将企业视为"异质知识的集合体",知识是企业最基本的构成和发展要素,企业通过学习活动以获取持续的竞争优势。组织双元理论则为本研究的分析提供了基本的理论框架,企业的知识策略需要在探索及利用双元行为中寻求平衡,为企业提供持续的、有力的创新利益。贯穿始终的是,创新理论都为企业的决策行为选择提供了整体的战略指导方向。

从驱动力的视角探究企业双元知识策略的部署以及对企业绩效的作用机理,尚属较新的企业创新策略研究视角,有助于从理论上厘清其作用机制,并在实证研究中为企业的创新策略选择提供有益的探索和支撑。

第三章

中国企业的双元驱动及其影响

经济学理论中,"看得见的手"和"看不见的手"一直是学者关注和争论的焦点。改革开放以来,中国经济的发展取得了举世瞩目的成功。在这一过程中,政府这只"看得见的手"始终活跃在经济体系的诸多领域(郭杰,郭琦,2015)。政府和市场成为支撑我国经济发展的两大支柱,同时,也是驱动我国企业推行知识经济策略、开拓创新的重要驱动力。中国的经济发展经历了从政府主导、政府与市场相结合到政府监督市场主导的不同阶段(彭雪,2016)。市场对企业知识创新策略的驱动作用也经历了从经济改革之初的凸显到当前的主导地位。本章重点围绕中国企业的双元驱动及其背后的制度逻辑,对企业知识策略开展的影响进行分析,现实结合理论的梳理与总结,为本研究的实证研究提供理论框架与现实依据。

第一节 中国企业的双元驱动现象

一、中国现代经济发展回顾

中国现代经济的发展始于1978年党的十一届三中全会开启的改革开放。改革开放包括了两个方面:对内改革和对外开放。对内改革改变了以往以国家为主导的经济运行模式——计划经济——通过国家控制资源的分配来追求社会主义目标,开始向具有中国特色的社会主义经济运行模式转变。1992年,党的十四大确立了社会主义市场经济体制改革的目标。2001年,中国加入世界贸易组织(WTO),迈出对外开放的重大步伐。2002年11月,党的十六大召开,中国进入全面建设小康社会阶段,中国经济经历了前所未有的发展,并有效应对了2008年的国际金融危机。2012年,党的十八大召开,中国经济发展步入了中国特色社会主义新时代。2018年以来,中国经济进入更具挑战的高质量发展阶段。

从一穷二白,到工业化、信息化、城镇化、市场化和国际化全面推进,经过70多年的发展,中国经济取得了世界瞩目的成就。2022年,中国经济总量突破了120万亿元,继2020年、2021年已连续三年突破100万亿元大关,经济总量跃上新台阶,稳居世界第二大经济体位置。经济学家张维迎(2019)将中国经济的快速增长归结为"后发优势的利用"。回顾中国的社会发展与经济增长史,中国经济发展呈现出以下特点。

(1) 产业结构不断优化。第一、第二、第三产业增加值占国内生产总值的比重从1952年的50.5∶20.8∶28.7调整为2022年的7.3∶39.9∶52.8。[①]

(2) 所有制结构合理调整。依据生产力的发展,国家经济制度逐步调整,国有体制改革不断深入,公有制经济不断巩固和发展,非公有制经济迅速发展壮大,二元结构不断调整优化。

(3) 创新逐步成为引领经济发展的第一动力。中华人民共和国成立70多年来,中国经济发展的推动力逐步从模仿、跟随发展为自主创新,在某些领域甚至领先于全球,如电信5G技术和高铁技术。自2013年起,中国成为研发经费投入仅次于美国的第二大投入国,并居发展中国家首位。

二、政府与市场双元驱动的制度逻辑

通过多种经济体制并行减少政府对市场的控制,并逐步形成以市场为主导的经济运行模式,这是中国经济改革的大方向。从长期以来的国有企业政企不分,到后来的多种所有制共同发展,从以政府计划为主的分配模式到实行按劳分配为主、多种分配形式并存的经济分配制度,中国企业形成了一种国有企业和民营企业共同发展的格局。国有企业把控着国民经济生产的核心产业,以及多种所有制共存的以市场为主导的民营企业则活跃在中国经济的方方面面,为中国经济的发展注入了更多的活力。虽然国家所有制依然存在(Peng,2003),但国家已经从上市公司的单一所有者逐步转变为众多股东之一。尽管如此,国家仍持有大量的股份和控制权(Peng,2004;Fan等,2007)。经济结构的转变以及金融市场的发展,催生了多种所有权结构的组织形式,而在组织内部,也形成了多种制度逻辑并存的权利结构。

国家经济改革的用意在于以市场经济促进国家经济的增长,但在部分领域,政府驱动仍是主要的经济运行模式。在政府驱动的逻辑下,政府要承担经济再分配的任务,商品和服务通过企业流向国家,国家将资源重新分配给企业,并根据政治目标和社会目标将产出分配给消费者。在这种逻辑下,企业响应地方或中央政府的决策,并完成政府的计划任务,根据需要完成生产配额并保证当地就业及经济稳定(Park & Ungson,2001)。在国家的制度逻辑下,企业的决策制定既不独立,也不关注盈利能力、创新和竞

[①] 国家统计局.中华人民共和国2022年国民经济和社会发展统计公报[EB/OL].[2023-02-28].https://www.stats.gov.cn/sj/zxfb/202302/t20230228_1919011.html.

争(Shinkle & Kriauciunas，2012)。相反，企业的决策反映的是政府的计划和政治关联，追求的乃是经济、社会、政治等多重目标，诸如就业、社会养老、社会稳定等仍是国有企业不可推卸的责任。

相反，以市场驱动的民营企业则以利润最大化为目的，并通过市场交换和竞争来提高自身效益。企业的价值评判主要通过其创造价值的能力来进行评估，而非依靠企业生产的产品数量或雇佣的员工数量来评判(Fligstein，1990)。企业更看重私有产权保护、所有权、有效的资本配置及竞争能力的提升。股东的利益通过企业的治理机制和管理体系得到实现。市场的制度逻辑下，企业有权制定自己的战略选择并从事基于市场的交换活动。与政府控制的企业相比，民营企业在应对市场需求和供给时拥有更多的灵活性和自主权，更愿意主动寻求市场机会，进行创业并采取更多创新型活动(Yiu等，2014)，但也更多地受到市场驱动的影响(表3-1)。

表3-1 政府制度逻辑与市场制度逻辑的比较

比较项	政府制度逻辑	市场制度逻辑
驱动力	政府	市场
追求目标	社会目标、政治目标、经济建设等	利润最大化
实现途径	政府计划与配给	市场交换与竞争
决策过程	受政府控制	受市场影响，更灵活

中国经济从国家社会主义向市场资本主义转变的过程中，促成了两种制度逻辑的并存，对于一些公私合营的企业(即部分国有控股企业)而言，导致了公司内部治理的二元性。有研究者指出，当市场和政府两种制度逻辑同时存在时，企业内部权力所倡导的制度逻辑势必会形成冲突(Yiu等，2014)。这一现象对处在转型经济中的中国企业而言尤为明显。具体而言，两种制度逻辑对企业的知识创新策略又会形成何种影响呢？下一节将重点从文献梳理的角度进行分析。

第二节 双元驱动对企业知识策略开展的影响

为了厘清政府与市场两种制度逻辑对企业知识策略开展的影响机理，本研究对当前相关领域的研究文献进行了梳理，对相关理论解释进行了归纳。研究发现，当前研究有关市场驱动逻辑对企业知识策略开展的影响观点较为一致，并指出市场导向能够促进企业开展知识探索与利用活动。而有关政府驱动逻辑的影响则争论较多。以下将分别对两种驱动对企业知识策略开展的影响机理进行归纳与阐述。

一、政府驱动对知识策略开展的影响

政府驱动对企业知识策略开展的影响,其实质就是政府对企业内部创新机制的影响。政府驱动下,企业是会倾向于通过知识探索提升创新能力,还是会倾向于通过知识利用提升效率的方式来促进企业发展?为了回答这一问题,本研究对相关文献进行了梳理,以期在现有研究中找到解释。

现有研究对政府驱动与企业知识策略关系的阐述大致可以分为三类:一类认为政府驱动可以促进企业开展知识创新活动;而另一类则认为政府驱动会阻碍企业进行探索型创新,也会影响企业开展知识利用的效率;第三类则认为两者关系不显著。表3-2汇总了政府驱动与企业知识策略开展关系的有关研究,接下来,本研究将就当前文献中不同观点的研究视角和理论解释予以归纳和总结。

(一)政府驱动促进企业知识策略开展的解释视角

通过对当前文献的梳理和观点的归纳,本研究发现了三种可以支持政府驱动与企业知识策略开展之间正向关系的解释视角,即政策驱动视角、资源获取视角和促进非市场高精尖领域的技术创新视角。

1. 政策驱动视角

政策驱动与目标导向理论相一致,该观点认为国有控股企业对政府促进企业创新的驱动政策会做出积极的响应。经济增长方式的转变,特别是知识经济和信息技术的发展以及国内供需结构的失衡,使得政府开始关注企业、区域以及国家的整体创新能力的提升。

对于全资控股或部分控股的国有企业而言,往往承担着提高我国整体创新水平的社会责任。

自党的十八大以来,国家出台了一系列促进企业创新策略开展的政策和建议。

2012年,党的十八大强调要实施创新驱动发展战略,并指出要建立以企业为主体、市场为主导、产学研相结合的创新体系,并加快科技体制机制的改革创新。

2014年,时任国务院总理李克强在达沃斯论坛上提出了"大众创业、万众创新"的设想,并在2015年《政府工作报告》等多个场合不断阐释这一关键词。

2015年,第十二届全国人大常委会第十六次会议修正了《中华人民共和国促进科技成果转化法》,再度深化了企业主体、市场导向和产学研相结合等创新制度。

表 3-2 政府驱动与企业知识策略开展关系的主要研究

作 者	发表年份	样本对象	自变量	因变量	控制变量	调节变量	主 要 结 论
李春涛 宋敏	2010	1 483家制造业调查企业数据	所有制类型(国有企业、民营企业);激励机制	研发投入;研发产出(新产品销售、新产品、新工艺)	企业绩效;人力资本存量;公司规模;公司年龄;竞争程度;行业及地区	无	国有企业在研发投入和产出强度都高于民营企业;经理人薪酬激励对创新的作用因所有制的不同而不同,同样是政府激励,对民营企业的作用更强,说明民营企业在创新性上具有比国有企业更广阔的前景
李玲 陶厚永	2013	974家深交所上市的主板及中小板企业数据	政府补贴	研发投入;创新绩效	行业类型;企业规模;企业年龄;广告强度;财务杠杆	高管持股;独立董事比例	政府补贴对民营企业的自主R&D投入以及创新绩效都起到了显著的正向作用;但是政府补贴对国有企业自主创新绩效的影响不显著
苟燕楠 董静	2014	169家中小板上市公司数据	资本背景 经验背景	研发投入;专利申请量	资产规模;资产负债率;行业	无	资本背景风险投资的参与和企业研发投入之间存在一定的负相关关系,说明政府背景并没有如预期一样推动企业的技术创新投入
袁建国 后青松 程晨	2015	2003—2012年上市的非国有企业数据	政治关联	研发投入;专利申请数	公司规模;公司年度资本支出;现金持有水平;董事长持股比例;机构持股;资产收益率;公司年限;资本结构;公司市值	无	企业的政治关联会阻碍创新活动,降低创新效率,甚至还是政治关联对企业的研发投入。具体表现是政治关联促进企业的研发投入,但企业的专利申请量会显著减少。此外,政治关联还会进一步弱化技术创新与业绩敏感性之间的关系,验证了政治资源阻碍效应的存在性
周铭山 张倩倩	2016	2007—2014年国有上市公司数据	政治晋升	创新投入产出	公司特征变量;CEO特征变量/正向	薪酬激励;在职消费	政治晋升激励使国有企业CEO更加专注有效的研发投入,在降低研发投入量的基础上,提高了企业创新产出。政治晋升激励不仅提高了企业创新的投入产出率,而且提高了企业创新的价值增值能力

续表

作 者	发表年份	样本对象	自变量	因变量	控制变量	调节变量	主 要 结 论
曹霞宇 邢泽宇 张路遥	2018	新能源汽车企业、学研机构数据	创新总成本、额外收益、技术研发的投资力度等	合作创新机制	无	无	政府对于技术研发的支持力度,合作创新双方利益分配系数,政府采购力度,合作双方约定的罚金,以及合作创新成本与额外收益的关系对新能源汽车合作创新有正向影响
李传宪 彭惠娟	2019	2013—2017年重庆地区上市公司数据	政府补贴	年末净利润	本期资产负债率;资本密集度;企业规模;成长性;产权性质;年限	研发投入总额;探索式创新;开发式创新	当期及滞后一期政府补贴的共同作用对无创新活动企业的绩效有消极作用,而对有创新活动的企业有促进作用;企业的创新主要包含探索式和开发式创新,其中,当期政府补贴与企业绩效具有显著调节作用
黄大禹 谢获宝 邹梦婷	2022	2007—2018年微观企业及中观产业数据	房地产投资	企业专利数量	企业研发投入、实物资本投资等	无	地方政府绩效考核压力越大,则注重短期经济绩效而非长期创新活动的偏好越扩散,从而导致企业主体对房地产投资活动的偏好较大的房地产投资利越高,表明地方政府的财政分权水平越高,表明地方政府会更加关注如何获取更多的财力
李玉婷 余熙	2023	2010—2020年中国高技术产业30个省级面板数据	政府引导基金	绿色创新效率	对外开放度,产业结构,环境保护,知识产权保护	无	政府引导基金对高技术产业绿色创新效率具有显著提升作用,东部、中部和西部地区影响系数依次下降但显著性依次提高;产业规模显著促进了高技术产业绿色创新效率的提升,绿色偏好机制虽有积极影响但作用不显著

33

2017年7月,国务院印发《国务院关于强化实施创新驱动发展战略进一步推进大众创业万众创新深入发展的意见》,指出"创新是社会进步的灵魂,创业是推进经济社会发展、改善民生的重要途径",明确"大众创业、万众创新深入发展是实施创新驱动发展战略的重要载体",围绕加快科技成果转化、拓展企业融资渠道,促进实体经济转型升级、完善人才流动激励机制、创新政府管理方式等提出了政策分工。

2018年9月,国务院印发《国务院关于推动创新创业高质量发展打造"双创"升级版的意见》,此后"双创"便成为一项国策并掀起了创新的浪潮。同时,各级地方政府也都制定了促进企业创新的相关政策,公共创客空间也如雨后春笋般出现。

2021年9月,国务院办公厅印发《国务院办公厅关于进一步支持大学生创新创业的指导意见》,指出"纵深推进大众创业万众创新是深入实施创新驱动发展战略的重要支撑",强调推行"将创新创业教育贯穿人才培养全过程""优化大学生创新创业环境""加强大学生创新创业服务平台建设"等多项举措,督促"地方各级人民政府要加强组织领导",切实解决大学生创新创业过程中的实际问题。

2022年8月,科技部、财政部联合印发《企业技术创新能力提升行动方案(2022—2023年)》,提出十项具体内容、三项保障措施,旨在加快构建新发展格局,充分发挥市场在资源配置中的决定性作用,更好发挥政府作用,使一大批中小企业成为创新重要发源地,形成更加公平公正的创新环境。

政府驱动的国有企业除了具有维持社会和市场的稳定的作用外,还肩负着经济增长以及经济增长结构调整的重任。国家的政策往往具有长期导向和低风险的特性(周铭山,张倩倩,2016),对企业的评价也往往具有更强的结果导向特点。国有企业高管同时具备"经纪人"和"政治人"的双重身份,在政府倡导的政策环境下,若企业在探索创新方面的业绩较为突出,则更容易获得政府的认可。因而在政府驱动的制度逻辑下,政府可以通过股权控制或者政治晋升机制使得企业朝向政府主导的政策方向发展,进而成为促使国有企业开展知识探索与利用等活动的政策性促进因素。如随着中国"一带一路"倡议的不断推进,越来越多的中国企业跟随国家政策走出国门,瞄准潜力巨大的国际市场,寻求新的利润增长点。对待经济利益与政治利益价值取向的不同,也直接决定了国有企业和民营企业对待知识创新策略的不同态度。

2. 资源获取视角

虽然有研究指出政治关联会降低企业的创新激励,从而导致创新动力不足,但从资源获取的角度来看,政府驱动则可以帮助企业克服知识探索和利用中的资源约束问题,从而为国有企业开展知识探索和利用提供资源支持。特别是在信息不完全的市场体系中,政府在某种程度上掌握着企业生存和发展所需重要资源的分配权,政府关联则可以帮助企业及时了解政府的创新政策导向,及时获取相关政策支持,因此,政府关联成为促进企业开展知识策略的重要资源之一(Boubakri 等,2008)。这些促进企业创新的资源包括创新技术资源及优惠政策等信息资源(江雅雯等,2011)、政府补助(潘越等,2009)、创新补贴及更多的多元化资源(张敏、黄继承,2009),帮助企业改善契约执行环境(王永进、盛丹,2012)、缓解融资约束(邓建平、曾勇,2011;于蔚等,2012)、避免违规处罚(许年行等,2013),使企业获取合法地位,企业价值得到增强(李健等,2012)。此外,政府驱动还能为企业提供创新制度保护,提高探索创新失败的容忍度,帮助企业降低知识探索成本或直接增加可用于开展知识策略的资金(江雅雯等,2011)。布朗(Brown,2013)的研究表明,投资者保护特别是知识产权保护能够显著提高一个国家的整体研发投入水平。白俊红和李婧(2011)的研究证实了政府的研发资助能够显著提升企业开展知识探索与利用的水平。

从知识策略本身的特性来看,开展知识策略具有一定的风险,特别是探索策略,具有较高的不确定性和失败风险(Holmstrom,1989)。当企业缺乏足够的资源支持时,知识探索不可能持续开展。当考核更看重政治绩效时,政治关联可以降低那些风险规避型高管因业绩较差而被解聘的概率(游家兴等,2010),从而提高了政府驱动型企业对知识探索创新失败的容忍度(Tian & Wang,2014;游家兴等,2010),并愿意牺牲企业的短期经济绩效,重视长期的知识探索创新策略。当企业知识探索或开发遭遇资源约束时,具有政治关联的企业能够较容易地获得政府资源的支持,从而帮助企业顺利开展并推动知识创新策略(Faccio等,2006;潘越等,2009)。

有研究者的研究表明,在市场机制不健全的环境中,政治关联可以帮助企业降低信息不对称,并更容易获得合法性地位,帮助企业获得天使投资和机构投资者的关注,并带来专业化的创新和管理经验,从而帮助企业有效规避知识探索中的潜在风险,提高企业开展知识探索和利用的成功率(Nanda,Rhodes Kropf,2014)。此外,政治关联可以帮助企业更容易获得金融机构的融资帮助,特别是在金融体系不完善的环境中,高科技行业、小企业的发展更需要更多依赖外部的金融机构(Benfratello等,2008;Brown等,2013),特别是在市场经济快速发展的中国,政府关系可以帮助企业更容易获得银行贷款(邓建平、曾勇,2011;张敏等,2010),长期融资能力可以有效提升企业的知识管理水平。此外,从政治庇护视角来看,国有控股企业能够为政府持续提供更多的政治收益,如促进就业、政治升迁和在职消费等福利,因此,政府具有更强的动机为这些企业提供额外关照,帮助企业获取企业发展的核心资源。

3. 促进非市场高精尖领域的技术创新

也有少数研究认为政府驱动能够带来更深层次的知识探索活动。特别是市场机制无法解决的有关国家发展、社会福利和国际竞争实力等重点领域,如国家能源体系建设、交通设施、国家防御系统建设等问题,由于探索成本高,同时具有外部性和非排他性,依靠市场机制是无法解决的,只能从国家战略角度出发,由政府出资并持续投入,才能保证这类企业知识探索和利用的长期开展和成功。如科研院所的基础性研究,需要较大的投入和较长的研究周期,此外知识成果商业化的难度较大,只能由国家推动开展。此外,由于国家特定战略产业布局的需要,此类企业的内部技术储备也不愿意为此进行专利申请或大规模的商业实施(李莉等,2013)。

从考核机制来看,也有研究认为国企高管的晋升激励可以帮助国企提高知识探索的有效性,而非开展活动的投入。杨瑞龙等(2013)研究指出,经营业绩的提高可以提升国企高管晋升的可能性。因此,面临考核压力,国企高管可能会提高自身的努力水平,在有限的知识探索投入的情况下,从结果的角度提升创新产出,进而既能避免创新投入的高风险,又能促进创新的产出率。国家对专利申请有明确规定,因此在国企高管的评价机制下,国有企业的知识探索与利用活动往往是以产出为导向而非以投入为导向。周铭山等(2016)也指出,政府参与会在某种程度上促进企业提升创新投入的有效性,提高创新投入产出率,提升企业的创新价值,从而促进了企业的"集约化"发展。

综上所述,拥有政府驱动背景的企业无论是在政策支持,还是在资源获取和战略布局角度都有着优于传统企业的地位和优势。在这样的背景下,企业可能会出于政治利益的考虑而从事一些风险更高、难度更大、影响更为深远的知识探索与利用活动。这类知识探索和利用活动往往需要承担行业的创新攻坚任务,需要的研发投入更高,探索周期更长,失败的风险也更高,更容易受到政府规划导向的影响。而政府驱动可以帮助企业克服失败的负面影响,为企业提供更高的失败容忍。如温军和冯根福(2012)构建了经理人职业生涯模型和懒惰经理人模型的基础上,加入企业性质,研究发现无论国有企业高管在第一期的创新收益水平是高还是低,国有企业高管都将继续留在公司而不会被解雇。这也从一个角度证实了国企对高管探索失败的高度容忍。但遗憾的是该研究并没有指出哪些因素能真正激励国有企业高管进行知识探索活动。

(二)政府驱动阻碍企业知识策略开展的解释视角

相较于支持政府驱动促进企业知识策略开展的观点,大多数学者认为政府驱动是不利于企业开展知识创新的,综合而言,可以从五个方面进行解释,分别涵盖了驱动目标、运行机制中的竞争替代、行为开展的激励不相容、资源诅咒效应和过度投资视角。

1. 目标挤出效应

从两种驱动的目标来看,政府驱动由于承载了更多的地方经济增长、就业、养老保障等"政治包袱",从而会部分介入企业的经济利益目标以及相应的资源投入(袁建国等,2015)。此外,由于政府驱动的垄断优势地位,企业会绕过竞争而获取政策红利,如税收优惠、长期不分红、地租优惠、资源租优惠以及亏损财政补贴等,一定程度上会降低企业通过竞争提升企业运营效率和创新优势的动机,从而扭曲信贷资源配置效率(张敏等,2010),并降低企业的知识利用绩效(邓建平、曾勇,2009)。

2. 行业竞争角度——竞争替代效应

除了缺乏内部动机,政府驱动的企业也缺乏开展知识探索与利用的外部竞争压力。从国有企业的生存现状来看,随着国家市场机制的逐步发展和完善,目前国有控股企业基本布局在能源、基建、烟草等垄断性行业,这类行业的竞争不充分,进入壁垒高,导致此类企业可以避开激烈的市场竞争,同时还能享受政府给予的政策性采购、补助等各项优惠和机会。对这类企业而言,即便不进行知识探索与利用,单单依靠国家和行业优势就有丰厚的收益。因此,相较于竞争激烈的民营企业,政府驱动的企业缺乏开展知识探索和利用的外部推动力。对于这些企业而言,政府驱动不但降低了企业的知识探索与利用活动的开展水平,也降低了企业对市场及未来发展的敏感性,凸显了政府驱动对企业实际经营的扭曲效应。

3. 激励不相容——内部考核与晋升激励机制角度

政府官员的治理机制是决定经济增长方式的重要制度安排(周黎安,2007)。对于国有企业的高管而言,其选拔、晋升、激励等机制的制度安排也会直接影响到他们开展知识探索与利用的方式和方法,这也决定了国企高管的创新激励来源与民营企业存在较大的差异。因此,当前研究较多关注到了国企对高管激励的制度因素对企业参与创新的行为差异。

周黎安(2007)提出了较为知名的"政治晋升锦标赛"机制,并指出这种对政府官员的压力性激励会促使政府官员与企业高管从事上级所看重的考核指标达成行为。如果经济增长是最重要的考核指标,地方官员就会热衷于提升企业的经济绩效来达到晋升目标,而假如环境治理指标或其他政治影响指标是较为重要的考核指标,则企业高管就会热衷于开展与环境治理有关的行为或其他政治影响力行为,这种迎合性的考核晋升机制对企业的长期发展而言是一种"政治包袱",不利于企业长期竞争能力和运营效率的提升(李健等,2012;徐业坤等,2013),也会促使有政治关联的企业更多关注短期产能水平以及吸纳劳动力的水平等,这些资源的占用会降低企业从事知识探索活动的投入,抑制企业长期发展潜力的提升。

刘运国和刘雯(2007)则从任期的角度分析了国企高管任期与企业研发支出费用之间的关系,结果表明,高管任期越长,研发支出越高。这也从另一角度解释了国企高管从事知识探索与利用活动动力不足的问题。中国国企高管的任期一般为 3 至 4 年,且具有极大的不确定性,这种短期任命制与探索创新所需的长期投入相矛盾。从人性的角度来说,理性的经济人是不会牺牲自己任期内的利润来为后任者提供发展潜力的。而对于持股的高管来说,为了同时实现自身的经济收益,其研发支出要明显高于不持股的国企高管。但也有研究认为,与民营企业相比,国企由于受到多条政策红线的限制,高管的股权激励往往举步维艰,股权激励往往较民营企业发挥的影响力要小得多,因此,股权激励对国企高管提供的知识探索创新促进作用相对有限。

股权激励的有限作用也可以从委托代理理论中找到解释。相较于民营企业,国企高管的委托代理问题更为突出。国企高管在任期内的考核目标除了经济指标,还包括政治性指标,知识探索与利用则需要企业投入较多的资源并具有跨期和不确定性,一旦失败则是自找麻烦。因此,一般情况下国企高管没有热情从事风险性较高的知识探索与利用活动。苟燕楠和董静(2014)通过风险投资背景对企业技术创新的影响研究中发现,具有政府背景的风险投资与企业的研发投入之间存在一定的负相关关系,与政府积极推动企业的技术创新投入预期不符,但研究并未给出相应的解释。

4. 资源诅咒效应

企业管理领域的学者借鉴了区域经济发展中的资源诅咒效应,指出资源丰裕度高的企业其经营绩效往往越差。政治关联往往可以为企业带来更丰富的资源供给(Leuz & Oberholzer-Gee,2006)。杨其静(2011)指出,如果政府的资源分配权很大,企业将热衷于寻求政治关联而不是能力建设。如果政府参与企业的经营决策,往往会产生政治资源诅咒效应(袁建国等,2015;邓建平、曾勇,2009)。张敏和黄继承(2009)的研究也证实了这点,有政治关联的企业更愿意通过多元化的扩张行为来提升企业业绩,这些企业并不关注知识探索与利用活动的投入与效益。袁建国等(2015)的研究指出,企业的政治关联会阻碍企业的创新活动,降低知识利用效率,且这一负面效应大约会持续到企业获得政治关联后的第三年,从而验证了中国企业存在政治资源诅咒效应。也有研究指出,企业在寻求政治资源的同时会挤占公司的研发资源,有时会为了迎合政府的"干预之手",而扭曲企业正常的投资行为(邓建平、曾勇,2009)。

依据邓建平等(2012)的观点,经济不发达地区的企业更倾向于寻求政治关联,而不是因为寻求了政治关联导致了该企业的创新水平低下。袁建国等(2015)通过对2003—2012年度所有公开上市的非国有企业的样本研究发现,在控制了地区经济发展水平的情况下,企业的政治关联与技术创新之间的确存在负相关关系。研究分别对政治关联与研发投入和专利申请量之间的关系进行了回归分析。结果表明,政治关联会降低企业的研发投入效率,阻碍企业的创新活动,扭曲企业的长期投资战略。相比于其他类型的企业,有政治关联的企业将创新成果转化为企业绩效的能力也相对较差,不利于市场在创新资源配置中发挥基础性作用,验证了企业政治资源诅咒效应的存在性。

5. 投资结构视角——导致过度投资

一部分学者从企业投资结构视角分析了政府驱动或政治关联企业的知识探索与利用活动的开展之间的关系。相较于其他类型的企业,政府驱动的企业更容易获得外部融资和核心资源,这类企业拥有更高的资源冗余(刘慧龙等,2010),更关注短期产能的提升(梁莱歆、冯延超,2010),从而加剧了这类企业的过度投资行为(黄新建、唐良霞,2013;张敏等,2010)。过度投资或导致企业投资结构失调,进而降低企业的创新资源投入水平。更为重要的是,过度投资行为还会转移管理层对企业知识策略的注意力,导致企业创新紧迫性降低,创新效率低下。此外,有政治关联的企业更热衷于进行多元化的扩张(胡旭阳、史晋川,2008),具有更强的并购冲动(潘红波等,2008),多元扩张和粗放型发展战略的实施分散了企业有限的资源,会对企业的知识探索创新投入产生的挤出效应,从而导致有政治关联的企业的技术创新水平更低。

从政府逻辑的视角来分析,各级政府具有推动国企进行过度投资的动机,靠规模而非质量推动地方经济的发展。第一,规模扩张更为外显,易于获取国家的资源支持;第二,规模扩张可以吸纳更多的劳动力,帮助当地政府解决就业压力;第三,新项目上马能够给当地政府带来更多的税收、财政收入。这些都是政府的"经济参与人"的经济利益。另外,新项目上马能够阻止其他地方同一行业的业绩上升,这可以阻止基于"锦标赛式"的其他地方官员的晋升。这就实现了各级政府的"政治参与人"目标。袁建国等(2015)指出,政治资源加剧了企业粗放式的发展模式,从而阻碍企业通过知识探索与利用开展自主创新,最终无益于改善经济增长质量。

除此之外,国有企业内部的管理模式滞后、组织文化僵化、创新意识不强等问题也与知识探索策略所需的支持环境不相匹配,逐渐成为组织结构和领导力等研究视角解释政府驱动阻碍企业知识策略开展的理论依据。

综上所述,学者们认为,政府驱动的企业内部创新动机不足,外部竞争压力不足,内部晋升、考核等激励机制不相容。资源诅咒以及过度投资等视角解释了政府驱动对企业知识策略开展的不利影响,长远来看,政府驱动会阻碍企业技术创新能力的成长,不利于企业核心竞争能力的提升。作为经济增长的短期过渡形式,政府驱动无法大规模提高企业创新投入,因而对企业长期成长潜力的提升作用有限(周铭山,张倩倩,2016)。

二、市场驱动对知识策略开展的影响

中国的市场驱动发展经历了形成(1949—1977年)、发展(1978—1995年)、巩固(1996—2001年)和快速发展新阶段(2002年至今)四个时期。党的十八大以来政府越来越重视知识创新对企业发展水平的提升作用,重视供给侧改革,不断从国家层面创设更有利于知识创新活动开展的环境,不断推进"以企业为主体,以市场为主导"的创新机制的建设。之所以在国家层面强调市场经济的主导作用,在于市场竞争机制才是推动经济健康长远发展的核心推动力。大量学者通过实证研究表明,市场竞争能够促进企业知识创新策略的开展(聂辉华等,2008;沈坤荣、孙文杰,2009)。当然也有学者指出,市场导向会导致企业研发短视,从而限制了企业开展知识探索与利用的范围和深度。整体而言,市场驱动与企业知识策略的开展是相互促进、和谐一致的。本研究通过文献梳理,归纳了如下三种解释视角:目标导向一致、市场导向的企业更加注重顾客和竞争反馈、外部资本注入可以带来专业化的管理。

（一）目标导向理论——市场驱动与资本的逐利目的相一致

与政府驱动的多重目标相比，市场驱动的逻辑则较为单一，即遵循资本的逻辑，追求利润最大（或满意利润）。市场驱动发挥作用的机制则是通过法人对企业的实际控制权来影响企业的内部运营决策。机构投资者或股东则通过股权控制、董事会对企业高管的选择及企业经营决策产生影响。所有权收益的获取主要通过参与市场交换，通过企业输出市场的产品或服务的交换价值来实现。企业实现交换机制的唯一途径就是依赖自身竞争优势，追逐市场机会，通过自身运营效率的提升降低运营成本，提升企业的运营效益。如果企业具有专业技能，则可以为企业带来短期的垄断优势，进而实现短期超额利润。因此，在市场驱动的竞争机制下，企业只有提升自身的知识创新水平，提升知识利用效率，才能在激烈的市场竞争中求得生存和发展。目标导向理论认为，人的行为选择上是基于外界刺激的反应，通过一连串的动作实现目标的过程。市场驱动的运作机制与企业内部资本的逐利目标相一致，同时又与企业作为知识的集合体，寻求知识探索与利用的行为的目标导向相一致，因此，从目标驱动视角来看，一致的目标导向会驱使企业选择知识探索与利用行为，实现自身的逐利目标。

（二）市场导向的企业更重视市场的需求和反馈

市场导向不仅能够促使企业重视企业知识策略的开展，而且还能够促使企业同时开展知识探索和知识利用互动，也即重视双元知识策略。研究者（Atuahene，2005）指出，市场导向的构成要素——顾客导向和竞争者导向——是一种可以阻止利用策略产生对探索策略挤出效应的机制。首先，顾客导向意味着企业既要关注当前顾客的需求，也要关注潜在的未来顾客的需求。因此，与当前的顾客需求与未来顾客需求有关的知识就自然也必须在企业内部进行传播、分享和利用。对当前顾客知识的传播和使用就涉及知识利用策略的开展和执行；而对未来及潜在顾客需求知识的探索、研究和实验则涉及知识探索策略的开展与执行。同理，竞争者导向意味着企业不仅要关注当前的竞争者威胁，也要预防未来及潜在竞争者的威胁。应对当前竞争者的威胁则需要开展知识利用策略，应对未来及潜在竞争者的威胁则必然要开展知识探索策略。

市场导向的核心是发现并满足顾客的需求，不但包括当前的需求也包括顾客的潜在需求。市场驱动的企业强调把顾客的需求和满意放在首要的战略位置。企业知识策略的开展会更加注重从顾客需求出发，明确创新方向，并有助于企业将探索成果转化为市场能够接受的创新。因此，市场导向是促使企业开展知识创新不容忽视的重要变量，同时也是检验企业知识策略成功与否的标准。

市场导向对企业的具体影响有两种不同的观点：一种是从文化视度来界定（Narver，Slater）；另一种则是以行为视度来界定（Kohli，Jaworski）。文化视角强调营造一种与市场驱动相一致的文化氛围,组织关注持续为顾客创造优良的价值,具体包括顾客导向、竞争者导向以及跨部门协调三个要素(Deshpande 等,1993；Homburg & Pflesser,2000；Narver & Slater,1990；Slater & Narver,1995);行为视角下的市场导向认为企业注重收集、分析并传播与顾客和竞争有关的信息,在组织范围内协调行动并作出响应,具体要素包括市场信息的产生、传播和反应。也有学者将两者整合,将市场导向界定为一种多层面的文化,同时包括了企业的基本价值观、规范、可视化的器物以及行为四个部分。尽管分析视角不同,但都突出了市场驱动下企业对顾客需求的关注和满足。

无论是知识基础观还是营销理论都表明,市场导向的企业不仅会关注回应当前的竞争,改进产品、提升效率、降低成本,也会关注未来的市场变化,注重新技术探索、新的产品设计及新市场的开发。

（三）非公资本注入带来专业化的管理

前面分别从内部驱动与外部应对的角度分析了市场驱动对企业知识策略开展的推动作用,此外,专业化的管理也是市场机制下带给企业的有力保障。市场机制允许给国有资本,如法人股东、机构投资者等以股权的形式拥有公司的所有权或决策影响力。在这种制度下,一些较有经验的机构投资者可以通过注资的形式为企业带来其他财务、市场开拓或新产品开发等方面的专业特长,进而带领中小企业进行规范化、专业化的转型,促使企业不断提升参与市场竞争的能力。

特别是在"双创"国策的推动下,很多大学生一改传统的就业,选择自己创业。对于缺乏经验的大学生而言,企业一旦经过初创期,就会带来发展瓶颈,如果此时能够被天使投资收购,则很有可能成功带领企业实现转型和升级,因为依据路径依赖理论,规范与专业化的管理可以帮助企业知识策略的持续开展与进步。

综上所述,无论市场驱动的目标、市场的传导机制还是市场机制下资本的运营管理,都可以促使企业重视对顾客需求的满足以及自身价值的实现,实现的途径则是依赖市场交换,而要成功实施这一价值交换的过程,又需要企业重视自身知识利用水平以探索创新能力的提升,并且通过市场的传导机制促使企业在探索与利用之间达到双元平衡,因为效率与效果不可偏废,只有双元平衡才能保证企业的长期健康发展。

本 章 小 结

本章从中国企业的双元驱动出发,回顾了中国市场经济的发展历程,正是在改革开放的经济发展背景下,中国企业形成了独特的政府驱动与市场机制共存共生的经济模式。为了回答双元驱动对企业知识策略开展的影响机制,本研究在文献梳理的基础上归纳了政府驱动和市场驱动对企业双元知识策略开展的影响机理。政府驱动与知识策略开展之间存在促进、阻碍以及不相关三种观点;市场驱动机制下,则有助于达成企业在探索与利用之间的双元平衡。虽然也有观点认为市场机制会使企业决策陷入"短视",但市场机制是促使经济健康发展的核心动力机制。经历了中国特色社会主义经济体制的快速发展,中国政府越来越强调市场机制的主导以及企业的主体创新作用,保障与促进市场机制发展的法律法规也在不断完善。从允许市场驱动政策的出台,到促进其发展的法律制度,再到立法监督,市场机制的合法地位不断得到巩固。但法律法规在实际执行中尚有不完善的地方,政府应在不断完善市场驱动立法的同时,加强执法监督,以保障市场驱动对国家创新体系重要支撑作用的发挥。

第四章

知识策略对企业绩效的影响机理

明晰了双元驱动与知识策略之间的影响关系之后,本章将重点围绕企业的双元知识策略与绩效之间的作用机理进行分析,采用文献梳理的方法,对两者之间作用机理的理论基础和解释视角进行归纳和分析,为下一章理论模型的构建和研究假设的提出奠定基础。

第一节 双元知识策略的特点

笼统地说,企业的研发创新活动会对企业的短期盈利造成一定的负面压力,但从长期来看,知识策略的开展可以帮助企业提升核心竞争力并改善企业的经营绩效(Hsu,2009)。通过对企业实际知识创新活动的分析可知,知识创新策略又可以细分为知识探索和知识利用活动两种类型(March,1991),根据第二章中双元知识策略的文献分析,本研究对比了这两种知识策略在诸多方面的异同,为了进一步深入分析双元知识策略对企业绩效的影响机理,以下将分别对知识探索和知识利用策略的特点进行归纳和总结。

一、知识探索策略的特点

依据马奇(March,1991)的阐述,知识探索策略是指组织开展新知识探索的活动,此活动的开展着眼于变化的环境与未来的发展,以引领市场为企业赢得垄断优势,获得长期发展的优势。知识探索活动需要在现有知识体系的基础上创造出新的知识,以增加变异(Variation-increasing)的方式创造一种新的产品、市场、工艺或原材料,颠覆当前的企业运营形式,以提升企业未来的价值创造能力。相对而言,开展知识探索需要更大的资源投入、更长的探索周期以及承担更大的失败风险。相应地,一旦成功,也会为企业带来更大的垄断收益和竞争优势。

二、知识利用策略的特点

知识利用策略是基于现有的知识体系和技术进行的改进、改良与提升的活动。知识利用策略着眼于企业当前的环境,满足当下顾客的需求以实现企业的市场交换价值,求得当下的生存。知识利用策略基于现有的知识体系,通过减少变异(Variation-reducing)的方式提升当前的运营效率,降低企业的运营成本,进而提升当前的绩效。相较于知识探索,知识利用策略需要的资源投入相对较少,见效的周期更短,成功的概率更高,因而具有更加立竿见影的效果,短期来看具有更高的投入产出比。知识利用策略对企业的当前生存而言更为重要,但其影响的持续性相对有限。

综合而言,两者的共同之处在于,知识探索策略和知识利用策略的开展都需要占用企业的资源投入,都能够为企业的运营带来创新和改变。不同之处在于知识探索策略着眼于企业的未来和环境的变化,而知识利用策略则着眼于当下的收益和生存。知识探索策略需要的资源投入更大,获得收益的风险更高、时间周期更长,知识探索策略带来的创新具有"革新性",而知识利用策略带来的创新具有"渐进性"。从两者运营成功的保障机制来看,探索往往与开放的文化、有机的组织架构、松散的集合系统、路径开拓、临时性、自主及混乱、新市场和新技术等相联系;利用则与机械式组织结构、紧密协同的系统、路径依赖、程序化、控制与官僚,以及稳定的市场和技术相联系(Ancona, et al., 2001, Brown & Eisenhardt, 1998)。诚如马奇(1991)所指出的那样,知识探索与知识利用是影响组织绩效的两个重要但又差别很大的基本构成要素。这组悖论的存在迫使企业管理者必须在资源的长期与短期配置之间作出选择。

学者们认为,双元知识策略会促进企业的创新行为(He & Wong, 2004)。知识探索策略强调开辟"新"的可能性,如对新的市场动态的了解,对潜在市场需求的洞察和把握,对新技术的获得和运用,对新产品的研究和开发等。企业通过知识探索可以开发新的产品,开辟新的市场细分,发展新的分销渠道,或者为新的消费者提供产品或服务。知识探索策略能为企业创造显著的差异,进而提升企业的竞争优势,为企业的长期成功打下坚实的基础,如苹果公司研发 iWatch 这一新产品推向智能手表市场。知识利用策略强调对已有知识的"开发利用",它是一种对现有知识基础进行的相对较小的、渐进式的改进。通过知识利用,企业可以改进现有的产品设计,拓展现有的知识技能,扩张或丰富现有的产品线,改进现有流程的运作效率,为现有顾客提供更优质的产品或服务,如苹果公司对 iPhone 手机的不断更新和优化,不断推出更优的产品型号。从知识策略与企业战略的联系来看,知识探索通过为企业创造更多的差异化而提升自身的长期竞争优势;而知识利用则通过改进和提升企业的运作效率为企业带来短期的、更为直观的成本优势。

第二节 双元知识策略对企业绩效的影响机理

效率(Efficiency)与效果(Effectiveness)是管理学领域需要面对的两个基本命题,

效率是"正确地做事",效果是"做正确的事情"。早在1938年,组织管理学大师切斯特·巴纳德就在《经理人员的职能》一书中论述了这两个命题。巴纳德指出,一个组织的存在取决于组织的要素组合能否适应其外部环境,而能否存续则取决于组织协作系统内对"效率"与"效果"平衡的维持。现有文献一般将"探索"与"效果"相对应,将"利用"与"效率"相协同(Walker & Ruekert,1987)。而关于两者和两者的交互对企业绩效的影响,现有研究观点不一。

通过对有关知识策略开展与企业绩效影响文献的梳理(表4-1),本研究发现,知识策略与企业绩效之间关系的研究视角较多,但就两者之间的关系而言,有四种不同的观点:第一种观点认为企业的知识策略与企业绩效之间呈正相关关系(He & Wong,2004;Auh & Menguc,2005;Menguc & Auh,2008),第二种观点认为两者之间呈负相关关系(Atuahene-Gima K,2005);第三种观点认为两者呈非线性曲线关系(Uotila J等,2008);第四种观点认为两者关系不显著(杨学儒等,2011;Menguc & Auh,2008)。关系不显著主要是就双元知识策略的平衡与匹配对企业绩效的作用而言的,大多数学者认为单一的知识策略对企业某一方面的绩效是具有正向促进作用的,只是有时会受到诸如企业竞争角色、外部竞争激烈程度以及环境的动荡性等情境因素的调节。这些实证检验的结果也从侧面反映了企业双元知识策略选择的影响因素及对企业绩效的作用机理的综合复杂的特点。

本研究将从企业的绩效类别视角、情境因素视角以及研究方法视角分别对双元知识策略的影响机理进行归纳和分析,为后续研究假设的提出奠定基础。

一、从绩效类别视角对知识策略影响的分析

由于对企业绩效的类别划分本身较为分散,学术界对企业绩效的评价并未形成统一的框架,导致了对知识策略与企业绩效之间关系的研究也难以统一。现有研究对企业知识策略开展的后置要素的影响主要关注了如下几组评价指标:产品创新和过程创新,效果绩效和效率绩效,渐进性创新和突破式创新,企业绩效的波动性等。由于各研究对绩效关注角度的不同,故知识策略对其的影响机理也略有差异。

有研究者(He & Wong,2004)利用新加坡和马来西亚槟城的制造企业调查数据研究了企业的知识探索策略与知识利用策略对企业产品创新强度和过程创新强度的影响,以及两者之间的均衡和不均衡对企业绩效的影响。研究发现,企业的知识探索策略显著影响产品创新,而对过程创新策略影响不显著。知识利用策略对产品创新和过程创新均有显著影响。研发支出强度对产品创新强度影响显著,对过程创新影响不显著。探索与利用策略之间的平衡(两者得分都较高者)与销售额增长率正相关,不平衡与企业销售增长率负相关。研究还发现,仅仅专注于探索式创新策略的企业表现出最高的绩效波动性,能够达到两者平衡的绩效波动性次之,而仅关注利用创新策略的企业表现

表 4-1 知识策略对企业绩效关系的主要研究

作者	发表年份	样本对象	研究方法	自变量	因变量	中介/调节变量	控制变量	主要结论
He Wong	2004	1999—2000年新加坡和马来西亚槟城的206家制造企业的数据	实证分析	探索策略利用策略	企业绩效：销售额增长率	中介：创新绩效，即产品创新强度和过程创新强度	总固定资产企业年限地理区域研发费用出口占比例所处行业	探索策略显著影响产品创新，利用策略对产品创新和过程创新均有显著影响。研发支出强度对产品创新影响不显著，对过程创新影响不显著。探索策略与利用策略之间的平衡与企业销售额增长率正相关，不平衡则与企业销售增长率负相关
Auh Menguc	2005	260家澳大利亚制造企业的数据	实证分析	探索策略利用策略	企业绩效：效果绩效效率绩效	调节：竞争强度	公司规模公司类型所处产业运营类型CEO背景	知识探索对探索者的企业绩效呈现正向作用，而知识利用更强对防御者的企业绩效呈现较强的正向作用。在不考虑企业战略角色的情况下，知识探索策略对企业绩效的效果更强，知识利用策略对企业绩效呈现的正向作用
Atuahene-Gima K	2005	来自广东省电子制造企业的227份有效问卷数据	实证分析	顾客导向竞争导向	渐进性创新突破性创新	中介：利用策略；探索策略调节：跨部门协调	公司规模组织冗余行为控制产出控制产品开发联盟环境动荡市场开发能力	市场导向可促使企业同时开展利用策略和探索策略。利用策略正向影响渐进性创新，而探索策略负向影响渐进式创新；利用策略负向突破式创新，而探索策略的作用为正。两者的交互项，即双元策略，与突破性创新能力正相关

续 表

作者	发表年份	样本对象	研究方法	自变量	因变量	中介/调节变量	控制变量	主要结论
Lubatkin MH Simsek Z Yan Ling Veiga JF	2006	美国康涅狄格州新英格兰地区的139家中小企业的数据	实证分析	高管团队的行为整合	企业绩效：综合题项	中介：双元策略	团队任期和规模 公司规模 公司年限 未吸收冗余 以往绩效 所处行业 环境动态性	中小企业高管团队的行为整合能够促进企业采取双元策略，进而带来更高的企业绩效
Menguc Auh	2008	260家澳大利亚制造企业的数据	实证分析	探索策略 利用策略 双元策略	企业绩效：综合题项	调节：市场导向	公司规模 公司类型 运营类型 CEO背景 环境动态性	知识探索与知识利用均正向影响企业绩效，知识探索对探索者的作用更显著。而双元策略对两类企业绩效的作用均不显著。对探索者而言，市场导向可以正向调节双元策略与企业绩效之间的关系。探索者具有更强的市场导向的市场导向性
Uotila J Maula M Keil T Zahra SA	2008	279家标准普尔500指数中的制造企业1989—2004年间的观察数据	实证分析 二手数据	探索倾向 利用倾向	企业绩效：市场价值	调节：产业技术动态	公司规模 研发强度	相对探索关系，行业技术变动具有正向调节作用，即技术变化更快的行业，其探索倾向对企业绩效的影响更突出
李忆 司有和	2008	397家中国企业的数据	实证分析	探索式创新 利用式创新	企业绩效：综合题项	调节：企业战略类型；外部环境	公司规模 经营年限 所有权性质 所属产业 所在地区	两种创新行为分别对企业绩效有直接的正向影响，两种创新行为之间的内部匹配对绩效无显著影响，两种创新行为与战略和环境竞争性的外部匹配关系对绩效有显著影响

续 表

作 者	发表年份	样本对象	研究方法	自变量	因变量	中介/调节变量	控制变量	主 要 结 论
杨学儒 李新春 梁强 李胜文	2011	珠三角地区的264份企业调查问卷数据	实证分析	平衡策略；二元平衡；间断平衡	企业绩效；综合题项	调节：新创/成熟企业	资产规模 员工人数 企业年龄	二元平衡对新创企业的绩效没有显著正相关关系；间断平衡对企业新创的绩效具有显著的正向影响。成熟企业的探索式创新直接正向影响企业绩效，而利用式创新并不直接影响企业绩效
Junni P, et al	2013	25个双元策略与绩效样本数据及110个探索与利用维度与绩效样本数据	元分析	双元策略 探索策略 利用策略	企业绩效	调节：研究方法；绩效测度；双元测度；分析层面；产业	无	组织双元与企业绩效之间具有正向显著关系，这一关系会受到情境因素及方法的调节。对非制造企业而言，组织双元更为重要。综合测度及主观截面数据中组织双元对绩效的影响更为显著。探索与利用策略分别对增长及利润具有较明显的影响
王林 沈坤荣 吴琼 秦伟平	2014	来自全国31个省份的医疗器械制造行业的374份问卷数据	实证分析	探索式创新 利用式创新	新产品开发绩效	调节：环境动态性	公司类型 成立时间 员工人数 销售额 销售增长率 新产品销售额占总销售额的比例	探索式创新和利用式创新对新产品开发绩效均具有显著正向促进作用，并且企业同时采用这两种创新将会产生更好的新产品开发绩效。环境动态性对新产品开发绩效与创新负向调节作用，双元创新与创新绩效间的关系
付丙海 谢富纪 韩雨卿	2015	长三角地区的196家新创企业数据	实证分析	纵向链资源整合 横向链资源整合	创新绩效、产品、技术、管理等综合题项	中介：知识利用；知识探索	企业年龄 员工人数 所在行业 销售收入	利用式创新和探索式创新都对创新绩效具有显著正向影响，且前者作用更显著，但它们的交互作用对创新绩效具有显著负向影响；双元创新在创新与创新绩效之间发挥部分中介作用

续表

作 者	发表年份	样本对象	研究方法	自变量	因变量	中介/调节变量	控制变量	主要结论
林筠 高霞 张敏	2016	来自中东西部25个省份的338份知识型企业的调查问卷数据	实证分析	探索策略 开发策略 双元策略	创新绩效:综合题项	无	地区差异 产权性质 企业规模	开发性与探索性创新均对创新绩效有线性促进作用,双元交互效应对创新绩效的影响最强;大企业和国有企业对探索性创新仍持谨慎态度,西部地区非国有国有企业先动于国有企业
Manuel Guisado-Gonzalez, et al	2017	2008—2013年西班牙技术创新面板数据	实证分析	知识探索 知识利用	组织创新	无	无	探索与利用关系,即同时开展知识探索与利用策略的企业具有更好的绩效表现
Luger J, et al	2018	1999—2014全球保险行业数据	实证分析	双元策略演变	企业绩效:财务指标	调节:未吸收冗余;环境变化:连续与非连续	财务杠杆 企业规模 损失比率 营商范围 多元与国际化 投资策略等	企业的知识策略具有自我强化趋势,双元策略对企业长期绩效的影响与所处的环境变化性有关
Soetanto Jack S L	2018	141家位于荷兰、挪威和英国孵化的小型科技公司的数据	实证分析	资源冗余:内部冗余 外部冗余	组织绩效:工作增长率	中介:知识利用;知识探索	企业年龄 员工人数	探索创新与利用创新之间对资源冗余与企业绩效中介作用,利用策略中介于内部冗余与绩效的作用;探索策略中介于外部冗余与绩效的作用。资源冗余与企业绩效的直接作用并不显著

续表

作者	发表年份	样本对象	研究方法	自变量	因变量	中介/调节变量	控制变量	主要结论
同华飞 孙元媛	2019	湖北、广东等地的企业成立8年内的326名创业者的调查数据	实证分析	双元学习	成长绩效	中介:创业拼凑	创业者性别 年龄 学历 创业经历	双元创业学习对新企业成长绩效的正向影响显著,创业拼凑对新企业成长绩效有正向影响,双元创业学习对创业拼凑有正向影响,创业拼凑在双元创业学习与新企业成长绩效间起部分中介作用
王舒阳 魏泽龙 宋茜 谢排科	2020	来自广东、江苏、山东、河南和陕西5个省份的化学、电子通信、生物制药、仪器设备等不同领域的252家企业的数据	实证分析	知识搜索宽度 知识搜索深度	突破式创新绩效	架构策略 模块策略	企业年龄 企业规模 高新企业资质 行业发展阶段 需求不确定性 技术不确定性	尽管搜索宽度和搜索深度均正向促进突破式创新,然而两种搜索方式还需匹配企业自身的产品创新策略,模块创新策略增强了搜索深度的促进作用,但削弱了搜索宽度的促进作用;架构创新策略增强了搜索宽度的促进作用,但削弱了搜索深度的促进作用
吕冲冲 林冬冬 欧建猛	2023	251家中国制造业企业的数据	实证分析	搜寻宽度 搜寻深度	突破式创新绩效	知识宽度 实际吸收能力	企业年龄 企业规模 企业类型 环境不确定性 环境宽争性	两种外部搜寻策略(搜寻宽度与搜寻深度)均能促进突破式创新绩效的提升;知识宽度对突破式创新绩效的正向作用;实际吸收能力对突破式创新绩效的协同作用;知识宽度与实际搜寻深度对突破式创新绩效的协同作用;知识宽度与实际吸收能力搜寻宽度对突破式创新绩效的正向作用

出最低的绩效波动性。也就是说,采用探索性创新策略的企业其绩效稳定性不如采用利用创新策略的企业。

有研究者(Auh & Menguc,2005)则将企业的绩效区分为效果绩效和效率绩效,研究发现,知识探索策略对企业的效果绩效比知识利用呈现更强的正向作用。对探索者而言,知识利用对企业的效率绩效呈现更强的正向作用。

有的研究者(Atuahene-Gima K,2005)则将从渐进性创新和探索式创新的视角分析了知识策略的影响机制。通过对广东省的电子制造企业的问卷调查数据,研究发现知识利用策略正向影响渐进性创新,而知识探索策略则负向影响渐进性创新;类似地,利用策略会负向影响突破式创新,而探索策略的作用为正。而两者的交互项,即双元策略,与突破性创新负相关。

二、从情境因素视角对知识策略影响的分析

依据权变理论观点,没有最优的策略,只有最适合的策略。企业的决策往往会同时受到内外部环境的影响,基于不同的情景,学者们对知识策略的影响机制进行了分析。情景因素的研究视角主要包括了外部环境动荡性、地区经济发展水平、行业竞争强度以及内部的角色定位、资源约束及规模等因素对知识策略影响的调节。

有学者在研究中纳入了环境动荡性来探究知识探索与企业创新绩效的关系,并从技术、需求和地理空间三个维度界定了企业的知识探索策略,通过对机械电子行业的调查,验证了动荡环境中技术探索与创新绩效的正相关关系,市场探索则与企业创新绩效负相关;稳定的环境中技术探索与企业绩效之间呈负相关关系,而市场探索则与企业绩效正相关(Sidhu,2007)。研究同时指出,无论是动荡的环境还是稳定的环境,地理空间的探索都对企业绩效具有促进作用。也有不同研究显示,环境的动荡性对知识探索与利用之间的匹配与企业创新绩效之间的影响并不显著,竞争强度会提高知识探索对企业创新绩效的正向关系,负向调节知识利用对企业绩效的影响(李忆等,2008)。有研究者通过实证检验,发现随着竞争的加剧,知识利用与企业绩效之间负相关,而知识探索却能够显著提升组织绩效(Gupta,2006)。还有研究指出,在动荡的环境中,能够同时开展双元知识策略的企业,其创新绩效表现更佳,对于处在稳定环境中的企业而言,只专注于知识利用活动的企业,创新绩效表现更好。

林筠等(2016)引入了地区经济的差异性因素,通过对知识型企业的调查分析发现,利用性创新与探索性创新以及双元策略(乘积项)均对创新绩效有显著的线性促进作用,其中双元交互效应对创新绩效的影响最显著。在差异性分析中发现:中东部地区整体的创新绩效高于西部地区,这与各地区的经济发展状况相符;西部地区的非国有企业创新绩效优于国有企业,中东部地区则相反;非国有企业的探索性创新均高于国有企业,说明国有企业在探索未知领域和全新技术方面较为谨慎。

有研究者区分了两种类型的企业战略角色：探索者和防御者，分析了知识探索和知识利用对企业绩效的影响作用，将企业绩效区分为效果绩效和效率绩效并考虑了竞争强度的调节效应(Auh & Menguc，2005)。研究发现，知识探索对探索者的企业绩效呈现较显著的正向作用，而知识利用对防御者的企业绩效呈现更显著的正向作用。在不考虑企业战略角色的情况下，知识探索策略对企业的效果绩效比知识利用呈现更显著的正向作用。对探索者而言，知识利用对企业的效率绩效呈现更显著的正向作用，此观点对防御者并未得到验证。面对激烈的市场竞争，由于探索者本身倾向于开展知识探索，更多地进行知识的利用可以有效提升企业的效率绩效；而防御者由于倾向于开展知识利用，竞争加剧时，更多的知识利用对企业的效率绩效贡献却减少。

杨学儒等(2011)在研究中区分了两类企业和两种平衡策略。两类企业是指新创企业(面临较强的资源约束)和较大型的成熟企业(资源约束较小)；两种策略则分别是指二元平衡策略与间断平衡策略，以验证不同类型的资源约束与两种平衡策略之间的适应性。研究表明：二元平衡对新创企业的绩效没有显著正相关关系；间断平衡对新创企业的绩效具有显著的正向影响。成熟企业的探索式创新直接正向影响企业绩效，而利用式创新并不直接影响企业绩效。

此外，有研究者同时考察了企业规模和环境动荡性因素对双元知识平衡策略与企业创新绩效之间关系的影响(Lin，2008)。研究发现，对于资源约束较小的大企业而言，同时进行知识利用和知识探索对企业的创新绩效的影响更显著；对受到资源约束较大的小企业而言，只专注于知识探索活动的开展对企业创新绩效的影响更显著。

三、从研究方法的视角对双元知识策略影响的分析

综合分析当前的研究，组织双元知识策略对企业绩效的影响分歧最大。从研究方法的角度来看，差异也最大。故本研究推断，研究方法的差异性可能是造成当前研究结论差异的主要原因。目前对双元知识策略与企业绩效关系的研究，主要有定性与定量两种研究方法，分歧来源主要集中在定量的实证研究中，一方面是数据的类型不同，多数研究多以一手的调查问卷为数据来源(林筠等，2016；杨学儒等，2011)，少数数据来源于专业数据库以及文本分析数据(Uotila等，2008)；另一方面则是双元知识策略的测度指标的差异，有的研究以两者的乘积作为双元策略的度量方法，有的研究采用单一策略频率的占比来衡量双元倾向性特征，还有的研究以有机平衡法来测度企业双元知识测录平衡性的高低(王凤彬等，2012)。此外，有关知识策略平衡的研究视角则包括了时序平衡、空间平衡等多种平衡方式，可见双元知识策略与企业绩效的影响机制问题引起了学者们的广泛关注，并从不同的视角进行了尝试和探讨。

当前关于两种知识策略之间的匹配与企业创新绩效之间的关系尚无定论，出现了相互矛盾的观点。有学者通过案例研究发现，知识探索与知识利用之间存在互补关系

(Knott)。有研究者的实证研究表明,知识探索和知识利用的内部匹配,无论是平衡关系(Fit as Matching)还是调节关系(Fit as Moderating),都能显著促进企业绩效的提升(He,Wong,2004)。但也有不同观点,有研究者从结构视角出发,指出知识探索和知识利用活动的开展需要不同组织结构和文化的支撑,要整合两者需要付出较高的代价,因此,追求双元知识平衡策略会给企业绩效带来负面影响(Menguc & Auh)。

除了传统的调查问卷数据收集方法,有研究者首次采用了大量二手数据的方法对双元知识策略与企业绩效的关系进行了实证研究(Uotila,2008),这也是当前唯一一种适用于大数据分析和比较的方法,本研究后续的研究设计也参考了此方法。有研究者等利用279家标准普尔500指数中的制造企业1989—2004年的时间序列数据检验了双元知识策略与企业绩效的关系(Uotila等,2008)。文中创造性地采用了对公司活动的文本分析方法,对探索活动与利用活动进行数量的对比,提出了"相对探索倾向"的概念。研究发现,相对探索倾向(也即探索活动的数量和频率略高于利用活动)与企业绩效之间呈倒U形关系,行业的技术动态性对此关系具有正向调节作用。同样验证了两者倒U形关系的还有国内学者张振刚等(2014),其团队通过对珠三角地区165家科技型企业的问卷调查,也验证了探索与利用之间的有机平衡对企业的创新绩效具有倒U形影响,即企业同时开展探索与利用的水平处于中等偏上的程度时,企业的创新绩效最佳。同时该研究还指出单一的探索或利用策略对企业的创新绩效均具有正向的线性影响。

林筠等(2016)通过对知识型企业的调查分析发现,利用性与探索性创新以及双元策略(乘积项)均对创新绩效有显著的线性促进作用,其中双元交互效应对创新绩效的影响最为显著。杨学儒等(2011)在研究中区分了两种类型的平衡策略——二元平衡策略与间断平衡策略。研究表明二元平衡对新创企业的绩效没有显著正相关关系;间断平衡对新创企业的绩效具有显著的正向影响。Piao(2010)分析了计算机硬件产业1980—1999年这20年的数据,研究发现,不考虑知识探索的纯粹知识利用会破坏企业的长期生存能力,而这一结论并不能保证企业可以从每次的知识探索中收益,这种收益取决于企业的知识探索与知识利用是否能够形成适度的时间重叠,知识探索的时间过长或过短,都无法维持企业的长期成功。

此外,有研究者首先引入了"同时平衡"和"时序平衡"两种不同的双元平衡策略对企业绩效的影响(Venkatraman,2007),此外最新的研究则开始关注企业双元知识策略的动态平衡对企业长期及短期绩效的影响机制(Luger等,2018)。还有学者采用大样本纵向时序的研究方法跟踪调查了500多家公司4年的研究数据,验证了双元知识策略对企业成长的促进作用(Geerts等,2010),同时该研究还指出了制造业和服务业之间的差异。有研究者同样采用大数据研究方法,对605家科技公司的分析给出了与Uotila等(2008)类似的双元知识策略与企业经济绩效之间的倒U形关系曲线(Gaspin-

Wagner,2012)。

较为多元的研究视角和不同的甚至相互矛盾的结论,一方面说明该领域的研究引起了学界广泛的关注,另一方面也说明该领域研究还未形成较为统一的研究框架,需要学者投入不懈的努力,继续深化此领域的研究,以缓解学术界百花齐放,实践层面却迷茫无措的局面。

本 章 小 结

本章重点探讨了知识策略与企业绩效之间的影响机理,共包括两个方面的内容:首先对知识探索与知识利用策略的特点进行了归纳;其次分别从绩效类别视角、情境因素视角以及研究方法的视角分别总结当前该领域研究的主要成果。

知识探索策略对企业绩效的作用机制主要是通过提高企业的垄断优势来实现的,因为探索学习的主要目的就是帮助企业摆脱当前的竞争环境,创造属于企业自己的跑道,为企业寻找"正确的方向"——做正确的事。如新产品的研发可以为企业带来更高的溢价收益,新产品或新市场的开辟可以帮助企业找到新的利润增长点,新的商业模式的开拓可以为企业带来暂时的、竞争对手无法模拟的垄断地位。

利用式学习提升企业当前绩效的作用机制则主要是通过"内部节约效应"帮助企业提升企业的运营效率来实现的——正确地做事。通过对现有知识的利用和技能的提升,可以帮助企业改进和完善运营效率、降低企业内部运营成本,实现企业短期整体财务绩效提升的目的。利用策略的成功实施类似于企业的"现金牛"策略,帮助企业避免失误、减少成本、提高效率,并取得规模经济,保障企业持续而稳定的收入来源。

同时,知识探索与知识利用两者相辅相成,不可偏废,也就是企业需要同时兼顾知识探索和知识利用——开展双元知识策略。企业的创新活动开展需要将探索与利用相结合,形成闭环,才能保证企业的健康持续发展。比如,专利的申请属于对新知识的探索,现实中,企业完成了专利申请只是完成了研发中的一部分工作(Nanda & Rhodes-Kropf,2014),要想实现新知识的价值,还需要进一步对新知识进行开发,也即开展知识利用活动,最终将新知识进行商业化,即完成新知识向新产品、新市场、新技术或新流程以及新商业模式的转化。

虽然知识探索和知识利用都会在企业中带来创新,企业需要在两种知识策略中找到平衡,将两者有效结合,才能既促进渐进性创新又兼顾突破性创新,只有两者联合,才能带来企业的长期竞争优势。

正如有的研究者所说"失败致使探索和改变,探索和改变致使绩效失败,绩效失败又会导致企业进行更多的探索和改变……"(Levinthal & March,1993:105-106),知识利用会带来"成功陷阱",而知识探索又会带来"失败陷阱"。也有研究者指出,现实中企业选择某种特定的知识策略受到企业所处的外部环境与内部特征的综合影响(Auh & Menguc,2005)。但目前鲜有研究对这种综合影响下的企业知识策略选择问题开展研究,事实上,这种综合影响比单因素影响更加符合企业知识决策的现实情况。因此,关于双元知识策略对企业绩效的影响机理尚需要学术界进行更深入的分析。

第五章
理论模型与研究假设

本章在双元驱动力对知识策略以及知识策略对企业绩效影响机理分析的基础上，采用制度逻辑和组织双元的研究视角，对本研究的理论模型与研究假设进行重点探讨，基于"双元驱动力→知识策略→企业绩效"的逻辑框架，对本研究中的基本概念进行界定，并通过理论分析提出研究假设和概念模型。

第一节　基本概念界定

本研究涉及的基本概念包括三类：自变量、中介变量和因变量。具体分别指代企业的双元驱动力、知识策略和企业绩效。

一、双元驱动力

企业知识创新活动的驱动力主要来自两个方面：一是看得见的手——政府的推动力量；另一个则是看不见的手——市场的驱动力。政府驱动力可以通过两个渠道发挥作用：一个是通过政策的制定和执行来促使企业采取一定行为；另一个则是政府作为投资人或持股人直接发起行动。作为看不见的手，从本质上来讲，市场驱动为企业的知识策略提供了动力机制。知识创新策略的需求来源于市场，市场又可以为企业的知识创新活动提供价值实现的平台，同时，市场也是企业知识创新策略成功与否的检验标准（彭雪，2016）。

市场和政府作为经济行为的两种主要驱动主体，在促进企业采取知识策略行为的作用上各有其优势与不足。市场驱动力体现了市场在配置知识资源方面的市场化、开放性的特征，市场驱动行为的主要目标在于资本的逐利性，但在一些具有外部性的知识探索领域，难免会遭遇市场失灵；政府驱动的知识创新活动往往代表了政府的立场和观点，资源集中，执行效率高，但往往会替代市场竞争机制，使得知识创新活动的开展具有一定的垄断特性，不恰当的决策行为也可能会抑制或改变企业知识创新活动自身的演进规律。

本研究关注的企业知识创新活动的驱动力主要是通过企业的控制权来实施的,国有资本一般由政府力量驱动,非国有资本一般代表了民营企业家、国际资本等市场经济主体。而当企业的资本结构中同时包括这两种力量时,企业的决策制定则会同时受到政府和市场两种制度逻辑的影响,并最终影响企业知识决策的制定。

二、知识策略

知识经济时代,"知识资产"以及"知识资产的驾驭能力"得到了管理者们前所未有的关注。由于知识在企业运营中的积累往往具有情境或过程依赖性(也就是所谓的隐性知识),很难被竞争对手模仿,知识便越发成为企业获取竞争优势的关键来源(Zack,2003)。而知识的获取、整合、存储、分享及应用的能力也同样成为企业建立并持续竞争优势的关键。

知识策略成为广受关注并独立于其他策略的一种企业策略(Von Krogh, et al, 2001)。有研究者将知识策略定义为"组织为了使知识资源和能力与组织战略的知识需求相匹配的整体部署"(Zack,1999),也有研究者将知识策略界定为"定义了组织如何创造、分享及应用知识来达到竞争优势的策略"(Ángela,2016)(表5-1)。知识策略驱动并形塑了组织的学习过程(Bierly & Chakrabarti,1996)。知识策略关注企业的产出和对企业竞争优势的支持(Denford J S,2011)。

表5-1 知识策略的定义

提出者及提出年份	知识策略的定义
Zack,1999	组织为了使知识资源和能力与组织战略的知识需求相匹配的整体部署
Bierly & Chakrabarti,1996	通过决定如何应用企业的知识库来驱动和形塑组织学习过程的一系列决策
Ángela, et al, 2016	定义了组织如何创造、分享及应用知识来达到竞争优势的策略

学者们依据不同的标准划分了不同的知识策略类型(March,1991;Bierly & Chakrabarti,1996;Zack,1999;Von Krogh, et al,2001;Casselman & Samson,2007)。在组织适应过程领域的研究中,关于新机会的探索学习和已有确定性的利用性学习一直是一个核心议题(Sehumpeter,1934;Holland,1975;Kuran,1988)。两者作为两种不同类型的知识策略得到了学术界的广泛关注(March,1991)。

知识探索策略涉及搜寻、知识变异、风险承担、发现和创造新的知识;知识利用策略包括了对现存的知识进行精炼、改进、升级、实现和执行。知识探索对企业资源的需求较大,同时所承受的风险也更高。如果企业只进行知识探索而不加以利用,貌似创新成果显著,最终会因缺乏持续的资金来源而无以为继。短期来看,知识利用产出效果明显,但长期只进行知识利用而不加以探索,企业将缺乏持续的成长动力,逐渐陷入自我毁灭的境地。有些学者主张借用知识利用的收益来优先考虑探索型知识策略(Crossan,Lane and White,1999;Lunnan & Barth,2003),而越来越多的研究强调将这种双元知识策略加以整合和平衡(Tushman & O'Reilly,1996;Zack,1999;He & Wong,2004;Jansen,et al,2009;Ángela,et al,2016)。

综合以上观点,本研究借鉴 Ángela(2016)的观点,将知识策略定义为"组织创造、分享及应用知识来达到竞争优势的策略"。本研究将知识策略的维度区分为:探索策略、利用策略以及双元知识策略。探索策略指企业进行新知识的搜寻、创造和发现的活动,新知识的类型既包含了有关新产品、新市场的知识,也包括了新的管理方式等具有巨大突破的、革新性的发现和创造;利用策略则主要是对现存知识的改进、提升、利用和执行,利用策略的结果一般会带来企业运营效率的提升和现有产品的改良和升级;而双元知识策略则是指企业同时开展知识探索策略和知识利用策略,在探索和利用之间寻求平衡的一种知识策略。

三、企业绩效

一般而言,企业绩效(Corporate Performance)被认为是企业运营管理的结果。关于企业绩效的认识,主要有以下三种观点。

(一)企业绩效的结果论

结果论侧重于对企业运营管理的结果的测度(Carpenter & Sanders,2004),一般包括企业利润增长率、投资回报率等结果变量。

(二)企业绩效的过程论

也有研究认为企业运行的过程指标也可以作为企业绩效的一种反映,有学者指出,研究中应当把企业绩效和企业的经营结果进行区别,企业的过程绩效可以影响企业的结果绩效,如新产品的开发数量、市场占有率、知识的积累量等都可以作为过程结果进行观察(McCloy,1994)。

(三)企业绩效的综合论

综合企业绩效观则认为企业绩效既是结果,也是行为。有学者在对企业绩效界定时不仅考虑了行为因素,也将行为带来的结果纳入综合的企业绩效中(Venaik,2005)。

本研究基于对知识策略特性的综合考量,不仅选取了表征短期利润的结果变量作为企业绩效的测度指标,同时也将企业开展知识策略行为产生的投资者预期,即企业的未来成长潜力(市场价值判断),作为企业长期的绩效指标进行验证,综合考量知识策略对客观指标和主观价值判断两种企业绩效的影响机理,以综合评估知识策略的影响机制。

四、变量概念汇总

基于以上对本研究主要变量概念及含义的界定,表5-2对本研究的三个研究变量的概念和内涵进行了总结。

表5-2 研究变量概念、内涵一览表

变量名称	概　念	内　　涵
双元驱动力	企业采取行为的推动力	政府驱动:政府作为资本的控制方而推动的知识管理行为
		市场驱动:以逐利为目的的非政府出资人推动的知识管理行为
知识策略	组织创造、分享及应用知识来达到竞争优势的策略	探索策略:搜寻、实验、探索发现和创造新知识
		利用策略:对现存的知识进行精炼、改进、升级、开发和执行
		双元知识策略:同时采取知识探索和知识利用的策略
企业绩效	企业运营管理的结果	年度经营利润:作为短期客观绩效指标的反映
		成长潜力:以表征企业价值的托宾Q值(Tobin's Q Ratio)作为长期主观评价的指标反映

第二节　研　究　假　设

一、双元驱动力对企业绩效的直接作用

本研究的双元驱动力具体指政府驱动力和市场驱动力,并以国有企业的控股比例作为表征来探究不同的驱动力对企业知识策略决策以及企业绩效的影响。所谓政府驱动,即政府作为企业资本的控制方而推动的知识创新行为,市场驱动则是指以逐利为目的的非政府出资人推动的知识创新行为。在双元驱动力的构成中,国有控股比例越高,企业行为受到政府的影响就越大;反之,则更容易受到市场驱动力的影响。

当前,有关政府和市场两种驱动力对企业绩效的影响观点并不一致。大量研究表

明市场竞争能够促进企业进行技术创新(聂辉华等,2008;沈坤荣、孙文杰,2009),进而促进企业绩效的提升。而有关政府对企业绩效的影响则存在两种观点:一种观点认为政府替代市场参与企业运营会阻碍企业的发展;另一种观点则相反,认为政府驱动可以提升企业的资源利用效率。通过本研究的梳理,政府驱动力阻碍企业绩效提升的主要原因可以归纳为以下三点。

(一)竞争替代效应

有研究表明企业政治关联的存在可能会缓解市场竞争对于企业技术创新的激励,导致企业创新压力和动力不足。主要原因如下:首先,政治关联的存在影响了企业竞争战略的选择(李健等,2012),在完全市场竞争的格局下,企业要想获取超额利润就必须进行持之以恒的技术创新活动。政治关联的存在能够帮助企业获得更多的政府补助甚至直接订单,使得企业即使面临激烈的市场竞争,也能够在较低的创新水平上继续生存;而对于那些垄断程度较高行业内的企业,政治关联的存在能够帮助企业优先获得政府大额采购订单。其次,政府采购支持行为还具有"示范和追随"效应,能够引导其他市场主体追随政府行为,从而帮助企业即使在产品缺乏核心竞争力时也能保持较高比例的市场占有率。最后,地方政府出于扶持本地产业发展的目的会采取地方保护主义,对外地企业的市场准入施加约束,降低了地区竞争程度(黄赜琳、王敬云,2006;刘凤委等,2007;陆铭、陈钊,2009)。相比于无政治关联的企业,有政治关联的企业更易获得地方政府的贸易保护,从而降低了企业技术创新的压力(陈爽英等,2010)。竞争压力的不足,使得以政府为主要驱动的国有企业无论是在创新意愿还是在内部运作中,都容易出现"惯性",而无视市场形势的变化,导致企业整体效率不高。

(二)资源诅咒效应

资源诅咒效应原本是针对地区经济发展规律而言的,后来有学者将这一理论应用在企业层面的研究中。部分学者的研究发现一个地区的资源禀赋会影响该地区的经济增长率、就业水平以及寻租腐败等行为,在资源丰裕程度较高的地区经济增长率可能更低(Auty,1993)。基于相同的逻辑,资源丰裕度高的企业并不意味着其经营业绩就好。政治资源作为企业最重要的资源之一,也影响着企业资源的丰裕程度(Leuz & Oberholzer-Gee,2006)。杨其静(2011)的研究显示,如果政府的资源分配权很大,而提升和维护产品品质优势将变得困难,企业将热衷于寻求政治关联而不是能力建设。政治资源越丰富的企业,可能越容易通过寻租活动来提升企业业绩,这样就减弱了有政治关联企业的管理层通过创新活动来提升企业业绩的激励。比如张敏、黄继承(2009)的研究表明有政治关联的企业更愿意通过多元化的扩张行为来提升企业业绩,或更偏好通过并购的方式来扩张企业规模(潘红波等,2008),这类企业可能并不关注技术创新活动。因此,根据资源诅咒效用,政府驱动的企业更容易通过政治关联互动获取资源,而忽视了企业的能力建设,进而影响到企业绩效的提升。

(三) 目标导向理论

当国有企业的实际控制人是中央政府或当地政府时,政府通常会将"政治人"和"经济人"的双重目标转嫁给当地的国有企业(Sh-leifer & Vishny,1994;Bai & Xu,2005;潘红波等,2008;张洪辉等,2010)。国有企业不但要承担经济发展的"经济人"任务,而且还要兼顾社会就业、养老和社会稳定等政策性负担(Lin等,1998)。曾庆生和陈信元(2006)通过对上市公司1999—2002年的数据分析,也得出了国有控股公司的社会性负担要多于非国有控股公司的结论。作为国有企业的管理者,与其他类型企业管理者不同,除了要体现自己的管理才能,帮助股东实现利益回报和追求自身经济利益外,还会通过政府官员的治理机制实现政治晋升目标。有学者的研究表明,国有企业的管理者除了利用政府所有权实现社会目标外,还可能会利用国有企业向其政治支持者输送利益,以追求自身的政治目标(Shleifer,1994;Vishny,1998)。周黎安(2004)的研究指出,政治晋升博弈会带来无效率的重复建设问题,如地方政府围绕某一产业或较大的项目,通常会形成以一个大型上市公司为核心的产业集群或集团公司,以通过做大相关上市公司的做法来扩张规模以吸纳更多的劳动力,同时新项目的上马也能带来更多的财政预算支持和税收收入,此时,上市公司的扩张会将效率放在次要的位置。通过规模的扩张,具有"政治人"属性的高管还可以阻止同行的业绩上升,进而达到阻止其他人政治晋升的目的(张洪辉、王宗军,2010)。

概括以上观点,无论是从竞争替代的角度而言,还是从资源诅咒效应和目标导向理论而言,政府驱动的国有企业无论是在动机、环境压力还是内部的制度逻辑,都不支持国有企业拥有更高绩效的观点。但也有相反的观点,即认为国有控股可以促进企业的"集约式发展",理由是国企CEO会更加专注有效的研发投入,即在控制企业投入的同时提高企业的知识创新产出,政治晋升激励不仅可以通过控制预算支出提高企业的产出率,还可以提升企业的价值增值能力,进而支持了政治晋升激励下CEO的"真才实干"假说。但无论是从普遍意义来讲还是从实践经验,这一假说仍需加以进一步的验证和推敲。与大多数研究观点一致,在不考虑其他因素的影响下,本研究认为政府驱动与企业绩效之间呈负相关关系,由于本研究中的企业绩效分为了短期营业利润绩效与长期发展潜力两个维度,并以国有控股占企业总股本的比例来表征企业的双元驱动力的大小,故具体假设描述如下:

H1:双元驱动力与企业绩效负相关。

H1a:双元驱动力与企业利润负相关。

H1b:双元驱动力和企业的成长潜力负相关。

二、双元驱动力对企业知识策略的直接作用

当前研究对双元驱动力与企业知识创新策略影响的观点并不一致。主流观点认为政府驱动力并不利于企业开展知识探索型活动,但能够促进企业的知识利用型活动。市场驱动力则可以促使企业遵从市场与科技的变化规律,更多关注能够带来长期竞争优势的知识探索活动,同时,也能促使企业重视维持企业当前生存能力的知识利用策略。

以下内容将分别从政府驱动和市场驱动两个角度分别分析各驱动力对企业知识策略选择的影响。政府驱动对企业知识策略的影响机制,将分别从制度逻辑视角、激励相容以及国企管理模式的视角来探讨政府驱动对企业知识策略的影响。

(一)从制度逻辑的视角分析双元驱动力与企业知识策略的关系

首先从政府驱动制度逻辑来看,政府承担着经济再分配的任务,而非价值创造。商品与服务通过企业流向国家,国家将资源重新分配给企业,并根据政治目标和社会目标将产出分配给消费者。在这种逻辑下,企业响应地方或中央政府的决策,并完成政府的计划任务,根据需要完成生产配额并保证当地就业及经济稳定(Park & Ungson,2001)。在这种制度逻辑下,企业的决策制定既不独立,也不关注盈利能力、创新能力和竞争(Shinkle & Kriauciunas, 2012),相反,企业的决策反映的是政府的计划和政治关联。追求的乃是经济、社会、政治等多重目标。在政府驱动的制度逻辑下,政府驱动并不能促使企业关注市场变化,也不会对市场进行快速的反应,更不会为了经济目标而从事风险性更大的知识探索活动。

相反,在市场的制度逻辑下,市场驱动的私营企业的目的就是利润最大化,实现利润最大化的途径只能是通过市场交换和赢取竞争优势,通过前面的创新理论的分析可知,企业通过创新活动,可以获取垄断利润。同时,市场主要通过价值创造能力对企业价值进行评估,而非单纯的企业规模。为了提升企业的市场价值创造能力,企业更注重自身资源配置和核心竞争能力的提升。因此,在市场驱动的制度逻辑下,企业拥有应对市场需求和供给的更高的灵活性和自主权,更愿意主动寻求市场机会,更愿意进行探索性创新,同时愿意提升自身的运营效率来赢得市场竞争。

因此,从制度逻辑的视角来看,政府驱动是不利于企业从事探索性知识管理活动的,而市场驱动则有利于促使企业进行探索性知识创新活动,同时也利于企业从事利用型知识管理活动。

(二)从激励相容的视角分析双元驱动力与企业知识策略的关系

股东对企业的控制权最终需要通过内部的管理机制来实现,而管理机制实现的主

体则是企业的管理者。国有企业通过政府官员的选拔机制和考核机制来约束拥有政府背景或有政治关联的企业高管。对民营企业高管的约束和考核机制则相对简单透明,市场的考验即是股东对高管选拔与评价的标准,市场绩效好,能够帮助股东实现收益最大化,即能够得到市场和股东的认可;相反,绩效下滑,即无法得到市场的认可,也自然会被市场和股东所淘汰。

首先,分析政府的选拔与考核机制,即国企高管的晋升目标。第一,政府驱动的目标呈现出多元化的特点。黄少安(2018)指出,国企高管具有双重身份,既是遵守行政规则的准官员,也是遵循市场法则的企业家。有学者在发表的文章中指出,20世纪80年代之后,中国国企高管的选拔和提升标准变得更加多元,由以前的纯政治指标向兼具政治与经济指标转变(Li & Zhou,2005)。周黎安(2004)也指出,不同层级的国企高管不仅在经济利税上进行竞争,同时也在"官场"上为晋升而竞争。这就使得国企高管在晋升机制的激励下,有时会为了政治收益而放弃部分经济收益。此外,政治目标中的促进就业、维持经济稳定等因素也会部分地挤出国有控股企业的经济效益。第二,从国企高管的任期制度来说,不利于国企开展风险性更高的知识探索。一般来说,国企高管的任命不是市场选择的结果,往往由行政任命,每届任期一般为三至四年,其调任往往具有极大的不确定性。而企业知识探索活动的开展往往需要企业以牺牲当前收益为代价,当期收益会减少,且成功的不确定较大,而一旦成功对企业的长期成长是有利的。刘运国和刘雯(2007)通过对2001—2004年披露的454家上市公司的研发数据分析发现,即将离任的高管的确没有增加企业R&D投入的积极性。国企高管的短任期与探索型知识活动的长期导向并不相容。为了提升国企高管任期内的经济指标考核,国企高管往往偏好从事一些时间短、见效快的经营活动来带动经济的增长,发挥经济发展稳定器的功能,从而导致了国有企业创新动力的不足。

激励相容理论指出,理性经纪人具有自利的一面,只有当制度安排使得企业目标与经纪人的自利目标相一致时,才能实现集体利益的最大化。但国企的选拔与考核机制使得国企高管的个人行为准则与国企的发展并不能达成一致,当个人与集体利益的制度安排不相容时,往往无法达成集体利益的最大化。因此,国企高管在代理国家和集体管理企业时,极有可能会以牺牲企业的长期健康发展来追求个人效益的最大化。

(三)国企的管理模式不利于企业开展探索型知识活动

从管理模式的角度来看,有政治关联的国有控股企业缺乏对市场竞争的直接反馈机制,往往管理模式较为滞后。虽然国企经历了市场机制的改革,但企业长期以来的管理惯性仍然存在,思维僵化,创新意识不强。这样的文化氛围往往不利于企业员工工作积极性的发挥,缺乏创新意识。一方面,选择进入国企的员工往往寻求稳定;另一方面,缺乏市场活力的管理氛围也会使得新进员工逐渐被同化,从而失去了培育企业创新的环境(Becker-Blease,2011;Caggese,2012)。

以上分析从制度逻辑、激励不相容以及国企管理模式三个方面分析了政府驱动对企业知识探索型活动的不利影响。但也有少数观点认为政府驱动能够促进企业的创新活动。如政府驱动能够降低国企的资源约束,有助于国企利用国家的政策性支持开展政府所倡导的创新行为。还有学者认为国企的研发投入产出率低于私营企业,很大程度上是由于国家战略性创新计划的安排,从申请专利数量的角度无法进行衡量。周铭山等(2016)的研究指出:政治晋升激励使得国有企业CEO更加专注有效的研发投入,在研发投入降低的同时,反而会提升企业的创新产出,也即政治晋升激励提高了企业创新投入的产出率,而且还提高了创新产出的价值增值能力,从而支持了政治晋升激励下国企高管创新的"真才实干"假说。

本研究认为,作为一种重要的制度性安排,企业的决策和运营都会深受内部股权控制的影响,政府干预可能会带来某些方面的利好,但政治资源毕竟是为其社会目的而服务的,为了迎合政府的"干预之手",势必会从一定程度上扭曲企业的正常投资行为(邓建平、曾勇,2009)。短期利用效率的提升,无法弥补企业长期发展动力不足的缺陷。

从市场驱动的角度来看,在制度逻辑上,市场对企业价值的评价与股东利益的实现是一致的。市场驱动遵行资本的逻辑,高管与股东都以追求利润创造为目的,并利用自身的企业优势追求市场机会。如2007年刘运国和刘雯的研究考察了国企高管持股比例与企业研发投入的关系,结果发现了两者之间的正相关关系。此外,还有部分学者从股权激励的角度证实了企业的股权激励政策与企业创新之间的正向促进关系。其研究指出,持有大量股权的CEO会进行更多的长期投资,进行探索型创新的动机也较强,同时,股权激励也有利于高管权衡企业短期与长期受益的关系(Ryan & Wiggins,2002;唐清泉、易翠,2010)。同时,这些研究也在激励相容的视角证实了市场机制与企业高管自利动机的一致性。可见,无论是企业的长期探索型活动还是短期利用型活动,其都有利于企业的当期生存和长期发展。因此,市场机制在促进企业开展双元策略是有效的一种制度框架。此外,市场驱动的企业更加重视顾客以及市场竞争等外部环境的变化,并能够对市场变化作出迅速反应。有学者从行为的角度界定了市场导向,指出企业收集、分析顾客需求信息并进行跨部门的信息分享和传播,会促进企业范围内的知识利用和探索活动(Kohli & Jaworski)。因此,市场驱动的企业在管理机制上也与企业的双元知识策略的开展相适应,并能够提升企业知识利用与探索的效率。

从企业内部国有控股比例变动及企业间国有控股比例的差异来看,当国企控股比例为零时,也即企业完全遵从市场的逻辑开展知识活动,企业会更多倾向于开展知识探索活动,提升企业的长期发展潜力。随着国有控股比例的增加,企业的政治目标会逐步挤占市场的资本逻辑,也会由于政治干预而牺牲部分经济效益,表现在企业内部知识策略的变动上,会更少进行风险较高的探索型活动。当国有控股比例超过一定的比例时,特别是国有控股作为第一大股东时或完全控股时,企业的资源约束和融资成本会相应降低,此时也会在一定程度上增加企业的创新投入,在双元知识策略的构成上,则表现为知识探索活动会有一定程度的增加,但增加幅度有限。

基于以上分析,就双元驱动力与企业知识策略的关系,本研究提出如下假设:

H2:双元驱动力对企业的知识策略具有直接作用。

H2a:双元驱动力与企业的探索策略负相关,即随着政府驱动力比例的增加,企业的探索型知识策略呈下降趋势。

H2b:双元驱动力与企业的利用策略正相关,即随着政府驱动力比例的增加,企业的利用型知识策略呈上升趋势。

H2c:双元驱动力与企业的双元策略呈 U 形曲线相关,即随着政府驱动力比例的增加,企业的探索型知识活动占所有知识活动的比例呈现先下降后上升的趋势。

三、企业知识策略的自我强化作用

本研究所指的"自我强化作用"是指组织学习中的路径依赖现象。路径依赖现象最初来自自然科学中的混沌理论,保罗·A. 戴维(Paul A. David)最早在 1975 年发表的著作《技术选择、创新和经济增长》中提出了路径依赖现象,用以解释经济发展中的技术锁定。随后,这一现象被各领域的学者关注并引起了重视。如在组织管理领域,列维特和马奇(Levitt & March,1988)提出了惯例(Routine)的概念,用以反映组织延续以往自身经验的行动规则。他们指出组织学习活动以一种基于惯例、路径依存和目标导向的方式开展,组织在执行惯例的过程中,通过观察、对比和分析以往行为的结果和反馈,逐步对现行惯例加以修订。1990 年,诺思(North)将路径依赖思想引入制度变迁的研究中。他指出,路径依赖犹如物理学中的"惯性",无论好坏,一旦进入某一路径,就可能对其产生依赖。

路径依赖是指企业行为的一种正反馈和自我强化的机制,这种行为包括了组织中的管理、文化以及管理方式等。本研究所指的自我强化作用是指组织在开展知识学习活动中存在的惯例依赖和自我强化现象。有学者在研究中指出,个人、某一领域或子系统,都会存在双元知识策略的冲突,并在一定程度上不可避免也难以逾越(Gupta,2006)。借用制度理论的观点,探索与利用活动需要不同的惯例、文化、管理方式等支撑环境,而制度环境本身是存在路径依赖的,因此,当一个组织习惯了进行模仿和知识利用后,其整个组织的氛围和惯例都会起到自我强化的作用,难以更改;反之,对于像 3M、Google 这样的公司,企业生存和发展的基础就是探索型的创新活动,企业的理念、文化、运行制度都能够保障这种探索活动的持续开展,同时,公司的运营成果也能够起到正反馈的效果,因此,对于根植于探索环境中的公司来说,也不可能会放弃之前的惯例。

关于中国企业的发展从国家层面来讲,制度环境本身是有利于利用策略的路径推进的。但在企业内部,会由于微观制度环境的差异,产生有利于探索策略的路径依赖,如企业经营业绩不好的企业可能会发生路径改变,转而寻求知识探索策略,有时即便探索失败,由于路径转换成本的存在,也可能会导致企业进一步加强探索,这就是所谓的"失败陷阱"。所以,无论是报酬递增的正反馈,还是报酬递减的负反馈,都可能会形成自我强化作用。

因此,本研究认为,企业的知识策略具有自我强化特征,即组织之前的惯例会影响当前或以后企业探索或利用活动的开展。同时,在组织内部,由于部门运行经费的锚定效应,也会在一定程度上促成路径依赖的存在。此外,借鉴组织学习理论的自我修订作用,会在当前学习与效果对比的基础上对以后的行为进行自我调整,因此,自我强化作用会呈现出逐年减弱的现象。

基于以上分析,本研究提出了如下假设:

H3:企业的知识策略具有自我强化的特征。

H3a:企业的探索策略具有自我强化的特征,并且自我强化作用逐年减弱。

H3b:企业的利用策略具有自我强化的特征,并且自我强化作用逐年减弱。

H3c:企业的双元策略具有自我强化的特征,并且自我强化作用逐年减弱。

四、知识策略对企业绩效的直接作用

依据马奇(March,1991)的论述,知识探索策略与知识利用策略各有特点,探索策略对企业的长期发展有利,而利用策略则为企业的短期现金流提供保障,企业需要在两者之间达到有效平衡才能有利于企业的长期生存和发展。短期来看,知识探索策略和知识利用策略的开展都需要占用企业的资源投入。相对而言,进行有效的知识探索,需要的资源更多,风险更高,时间周期更长;但长期来看,知识探索一旦成功,对企业的未来发展以及获得创新垄断优势具有强大的促进作用。开展知识利用活动,短期而言,投入产出比更高,风险低,时效性更强;但长期而言,特别是对处于快速变化环境中的企业而言,单一的利用策略难以获得持续的竞争优势,缺乏长期成长的潜力。这就要求企业不可偏颇,要想得到长期的生存和成功,必须在探索策略与利用策略之间寻找平衡。

有学者依据企业的知识资源和能力与战略知识需求的匹配程度探讨了这两种知识策略的不同应用(Zack,1999)。当知识资源和能力不能满足战略需求时,企业倾向于进行知识探索来缩小内部知识差距;当知识资源和能力能够满足或足以维持企业当前的竞争优势时,企业倾向于开展知识利用活动。综合而言,学界普遍认为企业需要平衡探索策略与利用策略,促进两者的互补性,才能实现既能够高效满足现有顾客的需求,又能把握未来的市场机会。为使企业获得持续的竞争优势,两者不可偏颇。

通过文献梳理,本研究发现,组织双元知识策略对企业绩效之间的关系并未得到一致的结论。总体而言,存在着正向、负向以及不显著三种不一致的结果。本研究的第四章已经对此梳理结果进行了详细的分析,本章不再赘述。接下来将重点阐述本研究的假设观点及其缘由。本研究中的知识策略包含三个维度:探索策略、利用策略以及双元策略。就企业绩效而言,本研究借鉴艾森哈特和马丁(Eisenhardt & Martin, 2000)的研究观点,企业基于知识策略开展的不同类型的学习活动对企业短期绩效和长期绩效的影响是不同的,因此将企业绩效划分为以企业年度利润为表征的短期绩效和以企业市场价值为表征的长期绩效两个方面加以探讨。

探索策略的开展由于在财务的处理上属于一种支出和投入,也即开展探索策略会牺牲企业的当期利润,短期而言,对企业的财务绩效没有贡献,因此,本研究认为,探索策略的开展对企业的短期利润具有负向的影响。但长期而言,可以帮助企业获得相对竞争优势,因此,探索策略可以促进企业的长期发展潜力。由于外部环境的变化与竞争的加剧,探索策略对企业的长期成长促进作用会逐渐减弱。

利用策略主要是对企业现有资源、知识、技术和产品的改进和完善,利用策略的开展可以有效提升企业的运营效率,有效降低企业运营成本,并取得规模效益,为企业运营带来不可或缺的现金流,成为支撑企业生存的稳定而持续的力量。因此本研究认为,知识利用策略无论是从短期收益而言,还是对企业的长期发展都能够起到有效的保驾护航作用。

双元策略由于同时考虑了知识探索策略与知识利用策略对企业绩效的影响,情况较为复杂。有学者通过实证研究检验了双元知识策略对企业绩效的关系,研究发现不论是探索与利用之间的调节关系还是平衡关系,都对企业绩效产生正向影响(He & Wong)。就本研究而言,由于双元知识策略是以探索倾向(探索策略占企业所有知识活动的比例)来表征的,其主效应应该会随着利用策略对企业绩效的影响发生变化。当企业仅仅开展利用策略时,说明企业仅仅采取模仿和改进当前产品的策略,缺少一定的创新能力,而对于大多数中国企业而言,缺乏创新的模仿竞争很难为企业带来超额利润,以成本为导向的定价策略对当下的中国制造企业而言已难以取得议价空间。因此,对仅仅采取利用知识策略的企业而言,只能取得较少的生存空间,企业整体利润水平不高,随着探索策略的开展,企业知识策略管理中更加注重创新为企业带来的垄断优势。因此,增加探索策略,在行业竞争中,会为企业带来一定的垄断优势并增加企业的利润空间;但如果超过了探索策略与利用策略的平衡点,过度探索,会损失企业更多的当前利润,甚至形成持续的无法进行商业化的知识创新。因此,本研究认为,探索策略超过一定的比例之后,企业利润不但不会增长,反而会呈现下降趋势。但从长期而言,探索策略比例的增加会为市场传达企业对未来竞争的重视,同时也可以增强市场对企业创新实力增长的信心,因此,双元驱动力对企业的长期成长潜力具有正向的促进作用,但由于长期风险的增加,这种促进作用的效果会逐渐递减。

本研究将企业绩效分为短期绩效和长期成长潜力两个维度,基于以上分析,本研究提出了知识策略对企业短期绩效作用的如下假设:

H4：知识策略对企业利润具有直接作用。

H4a：探索策略对短期企业利润具有负向作用,长期具有正向作用。

H4b：利用策略对短期企业利润具有正向作用,长期也具有正向作用。

H4c：双元策略对企业利润具有倒U形的曲线作用,即随着探索倾向的增加,企业利润先呈现上升趋势,超过一定均衡点后,企业利润呈现下降趋势。

对企业的长期绩效(成长潜力)而言,知识策略具有如下作用。

H5：知识策略对企业的成长潜力具有正向作用,作用强度逐年递减。

H5a：探索策略对企业的成长潜力具有正向作用,作用强度逐年递减。

H5b：利用策略对企业的成长潜力具有正向作用,作用强度逐年递减。

H5c：双元策略对企业的成长潜力具有正向作用,作用强度逐年递减。

五、知识策略在双元驱动力与企业绩效之间的中介作用

依据组织学习理论,外部环境变化无法直接影响企业绩效,而是通过市场竞争、技术或顾客需求的变化促使企业内部感受到外部的环境压力,进而影响企业的学习行为,通过内部的探索策略或利用策略的开展来应对外部市场环境压力。企业通过改进现有产品或开发新产品、开拓新市场等行为回应市场,市场则通过认可、接受或拒绝的方式对企业学习行为给予反馈,进而影响到企业绩效。对于政府驱动力或市场驱动力也是如此,外部力量通过企业内部运作机制的传导,将其导向目标传达给企业,企业通过接受来自政府或者市场的信号作为学习行为的反馈,也即通过开展知识探索策略或利用策略来做出反馈,进而影响到企业的绩效。假如企业采取回避态度,不采取任何知识探索或知识利用活动,无论是市场还是政府驱动力量都将无法对企业绩效做出改变。因此,作为"异质知识集合体"的企业,只有将知识、人才与资金等创新投入要素加以整合,通过制定知识策略,并开展与之相适应的知识探索或知识利用活动,推出新的产品、开辟新的市场或改进产品新特性等,才能达到知识转化的目的,实现企业知识整合与转换的价值。这个过程就体现了知识策略的开展在驱动力量与企业绩效之间的中介作用。双元知识策略的执行可以作为一种机制,来解释政府驱动力或市场驱动力与企业创新绩效表现之间的关系。政府驱动优势与市场驱动优势有机结合的企业能够更好地开展双元知识策略,从而带来更好的创新绩效表现。

有学者指出,动态能力是一种更高阶的能力,是企业识别环境变化、发现新机会,进而通过重新配置与组合企业的现有资源和能力以开展学习和创新并适应新环境的能力,这种能力可以使得企业的原有资源和能力随着时间和环境的变化而改变(Winter,2003)。企业的动态学习能力通过开展知识探索与利用活动,改变企业的运营管理与文化氛围,最终为企业赢得短期绩效的优秀表现以及长期的持续竞争优势(Teece,2007)。组织动态能力的发展过程中,所推行的或是渐进的或是毁灭性的创新活动,无

不与组织开展的知识策略学习相关。有学者通过对亚洲女性企业家的访谈研究证实了这一论断,企业家在创业过程中,必须不断识别环境中的机会,并通过调整企业内部资源来捕捉机会,在内部的调整与组合过程中充满着探索或利用式的学习活动,调整以适应外部环境的过程本身就是企业的学习策略开展的过程(Dhaliwal,2000)。因此,企业的探索或利用知识活动起到了外部制度变化与内部绩效之间的中介作用。之前已有研究检验了市场机制与企业创新绩效的关系,但很少关注知识策略的中介作用(Atuahene-Gima,1995;Baker & Sinkula,1999;Lukas & Ferrell,2000)。陈文沛(2013)基于314家中国企业的样本数据检验了市场导向、双元创新与企业绩效之间的关系,结果显示,市场导向并不会直接影响企业的能力和绩效,而是通过影响企业的知识创新活动而实现提高企业学习能力,提升企业绩效的效果。

此外,虽然企业的学习策略开展对绩效有直接的作用,但不同类型的知识策略对企业短期和长期绩效的影响是不同的(Eisenhardt & Martin,2000)。因为企业内部的学习互动需要很多类型的资源投入,有些活动可以带来企业的短期绩效的提升,而有些活动的开展又需要以牺牲当期利益为代价,换取企业未来成长的机会,又会抵消一部分学习活动的效果。因此,单一类型的知识策略只能起到部分中介的作用,只有双元知识策略能为企业带来更健康的长期发展(Wang & Rafiq,2012)。有研究发现,不同类型的知识策略会在企业不同类型的驱动力与企业绩效之间起到中介作用,如有学者指出,知识探索策略可以中介客户导向与企业绩效之间的联系,而不会中介竞争对手导向或跨职能的协同与企业绩效之间的关系(Han,1998)。有学者的研究则发现,知识利用策略可以中介竞争对手导向与企业绩效之间的关系(Noble,2002)。相较国外的研究而言,国内的研究还未对知识策略活动的中介作用进行细分。

通过以上分析,本研究区分了企业的长期和短期绩效指标,并指出企业知识策略的开展可以在驱动力与企业不同类型的绩效间起到相应的中介作用,但单一策略只能部分中介企业的整体绩效,而双元知识策略能够对驱动力与企业绩效间起到完全中介作用,具体假设如下:

H6:知识策略可以中介双元驱动力对企业利润的影响。

H6a:单一知识策略可以部分中介双元驱动力对企业利润的影响。

H6b:双元知识策略可以完全中介双元驱动力对企业利润的影响。

H7:知识策略可以中介双元驱动力对企业成长潜力的影响。

H7a:单一知识策略可以部分中介双元驱动力对企业成长潜力的影响。

H7b:双元知识策略可以完全中介双元驱动力对企业成长潜力的影响。

六、双元驱动力对企业知识策略影响的时间效应

为了探究双元驱动力对企业知识策略作用中的时间趋势作用,本研究在模型中考

虑了不随个体而变化的时间效应,以探究中国上市公司双元驱动力与知识策略影响中的时间变化趋势。

中国的经济发展经历了中华人民共和国成立初期的计划经济、20世纪80年代的改革开放以及国有体制改革等,随着市场机制的不断深入,外部制度环境也随着时间而改变(DiMaggio & Powell,1983)。宏观层面,市场经济机制的发展使得私有经济得到了迅速的发展,民营企业的生命力得到了极大的提升,市场机制的保障机制逐步得到加强;微观层面,越来越多的以市场为导向的企业学习活动得到开展,企业内部运作机制逐步与国际市场接轨,市场机制对企业治理的影响得到提升,进而提升了市场导向对企业知识决策的影响。以市场为导向的企业学习创新活动逐渐频繁。与此同时,由于国家对供给侧改革的重视,以及"双创"国策的提出,以政府为驱动的外部创新制度也日趋完善与频繁,但从企业内部的驱动力量来说,这一外部制度的影响略显乏力,但由于有利政策和资金的支持,国有控股企业知识学习活动也日渐频繁。整体而言,以市场驱动的企业创新活动有着更强的生命力。

除了国家经济体制改革的制度变化以外,时代变化也反映了促使企业进行创新学习的另一力量的变化——科技。随着信息时代的到来,科技在改变企业发展模式方面发挥着越来越重要的作用,特别是智能科技的进步,几乎所有企业的内部结构、管理机制都朝着数字化的方向而发展,企业的管理和决策模式也发生了前所未有的变化。科技是第一生产力,虽然在本研究中并未具体考虑科技变化对企业知识策略的影响,但作为一个侧面,从2003年到2019年,中国的科技进步速度是有目共睹的,因此,探索时间效应从一个侧面可以反映科技力量对中国上市公司知识决策方面的整体变化趋势。与制度环境的改变速度一样,科技力量的时间效应也同样是逐步增强的。具体而言,科技进步会直接提升企业的运作以及生产效率,假如企业不重视已有技术的使用,不重视依靠科技力量提升企业的运作效率和创新速度,企业将难以在竞争日趋激烈的环境中生存。对于以探索倾向表征的双元驱动策略而言,也同样呈现出逐渐增强的时间效应。因为,对习惯了以市场换技术、以生产促发展的中国企业而言,随着自身实力的增强以及规模报酬的递减,势必要逐步寻求知识探索带来的垄断优势,否则,国际竞争力量将在高科技领域对中国企业的生存施加更大的压力。因此,探索策略的时间效应强于利用策略,表现在双元知识策略中,双元驱动力对双元知识策略的时间效应同样是逐步增强的。

因此,无论是国家制度环境的变化,还是科技进步的驱动,抑或是国际竞争的加剧,都会促使双元驱动力对企业知识策略具有逐渐增强的时间效应,具体假设描述如下:

H8:双元驱动力对企业知识策略的影响存在逐渐增强的时间效应。

H8a:双元驱动力对探索策略的影响存在逐渐增强的时间效应。

H8b:双元驱动力对利用策略的影响存在逐渐增强的时间效应。

H8c:双元驱动力对双元知识策略的影响存在逐渐增强的时间效应。

第三节 双元驱动力对企业绩效影响机理的实证模型

综合以上分析,本研究的研究假设汇总如表 5-3 所示。其中 H1 是双元驱动力对企业绩效的直接作用假设,H6 和 H7 是知识策略的中介作用假设,H8 是双元驱动力与企业知识策略的时间效应假设,除此之外,均是与企业知识策略相关的直接作用假设。本研究的假设逻辑也可见图 5-1 的实证模型,本研究主要是在政府与市场的双元制度逻辑框架下,分析企业的知识管理策略与企业绩效之间的作用机制,并基于相关研究资料和数据的收集,对本逻辑框架进行实证检验。

表 5-3 研究假设

编号	假　设
H1	双元驱动力与企业绩效负相关
H1a	双元驱动力与企业利润负相关
H1b	双元驱动力和企业的成长潜力负相关
H2	双元驱动力对企业的知识策略具有直接作用
H2a	双元驱动力与企业的探索策略负相关
H2b	双元驱动力与企业的利用策略正相关
H2c	双元驱动力与企业的双元策略呈 U 形曲线相关
H3	企业的知识策略具有自我强化的特征
H3a	企业的探索策略具有自我强化的特征,并且自我强化作用逐年减弱
H3b	企业的利用策略具有自我强化的特征,并且自我强化作用逐年减弱
H3c	企业的双元策略具有自我强化的特征,并且自我强化作用逐年减弱
H4	知识策略对企业利润具有直接作用
H4a	探索策略对短期企业利润具有负向作用,长期具有正向作用
H4b	利用策略对短期企业利润具有正向作用,长期也具有正向作用
H4c	双元策略对企业利润具有倒 U 形的曲线作用

续　表

编号	假　设
H5	知识策略对企业的成长潜力具有正向作用,作用强度逐年递减
H5a	探索策略对企业的成长潜力具有正向作用,作用强度逐年递减
H5b	利用策略对企业的成长潜力具有正向作用,作用强度逐年递减
H5c	双元策略对企业的成长潜力具有正向作用,作用强度逐年递减
H6	知识策略可以中介双元驱动力对企业利润的影响
H6a	单一知识策略可以部分中介双元驱动力对企业利润的影响
H6b	双元知识策略可以完全中介双元驱动力对企业利润的影响
H7	知识策略可以中介双元驱动力对企业成长潜力的影响
H7a	单一知识策略可以部分中介双元驱动力对企业成长潜力的影响
H7b	双元知识策略可以完全中介双元驱动力对企业成长潜力的影响
H8	双元驱动力对企业知识策略的影响存在逐渐增强的时间效应
H8a	双元驱动力对探索策略的影响存在逐渐增强的时间效应
H8b	双元驱动力对利用策略的影响存在逐渐增强的时间效应
H8c	双元驱动力对双元知识策略的影响存在逐渐增强的时间效应

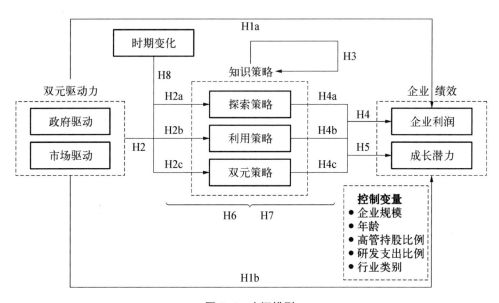

图 5-1　实证模型

本 章 小 结

本章阐述了本研究的理论模型和研究假设。首先,本章清晰介绍了本研究所涉及研究变量的概念内涵,包括双元驱动力、知识策略以及企业绩效,对这些概念的内涵以及维度进行了解释说明。其次,在明确了相关概念内涵的基础上,阐述了本研究的研究假设及推理,主要包括六个主要方面:双元驱动力对企业绩效的直接作用;双元驱动力对企业知识策略的直接作用;企业知识策略的自我强化作用;知识策略对企业绩效的直接作用;知识策略在双元驱动力与企业绩效之间的中介作用;双元驱动力对企业知识策略影响的时间效应。最后,在研究假设推理的基础上总结并绘制了本研究的实证模型。

第六章

数据收集与测量

本章重点阐述本文的数据收集与测量方法,共包括三部分:实证研究设计、有关变量的度量方法介绍、本研究数据的信度和效度分析。在实证研究设计部分,主要介绍了本研究中行业的选取、数据的来源和处理以及主要的数据分析方法。变量度量部分介绍了变量的度量方法,具体包括四类:因变量、自变量、中介变量和控制变量。在分析研究数据的信度和效度之后,对本章内容进行了总结。

第一节 实证研究设计

一、行业选取

本研究以国泰安(CSMAR)经济金融数据库中国沪深 A 股上市公司作为初始样本数据来源,借鉴其他研究的做法以及考虑到数据的完整性和可得性,本研究的样本数据剔除了行业代码属于 D、K、F、G 四类行业的公司样本。其中代码 D(电力、热力和水的供应和生产的行业)和代码 G(水上运输业)由于行业发展特征和竞争不充分等因素,这些行业的企业不进行创新也同样可以较稳定地生存。代码 K(房地产业)和代码 F(零售业)由于数据的完整性和可得性的限制,采取了删除处理。此外,由于这几个行业的观察值基本在 1 000 左右的数量,与整体 2 万多条记录相比而言,对数据回归的整体分布影响有限。除此之外,本研究涵盖了 14 类行业,其中代码 C(制造业)记录值共有 15 357 条,占据了一半以上,代码 I(电信服务业)的数据量居第二位。

二、数据的来源和处理

本研究数据来源分为两个部分:一部分来源于国泰安(CSMAR)经济金融数据库中的上市公司基本信息及财务报告等数据;另一部分则是本研究依据沪深两市上市公司的年度报告进行的文本分析数据。最后,将两部分数据进行合并,并删除了上市不满三年和连续十年为 ST 的上市公司样本。据此,得到本研究的初始研究样本数据。本节将就两部分数据的处理流程进行详细说明。

(1) 二手数据的收集与整理。对于来源于国泰安经济金融数据库的数据而言,本研究针对研究变量的测量需要寻找了六种原始统计数据,如表6-1所示,具体包括了六个文件:国有股持股数、民营上市公司数据、研发投入占比、资产负债和利润、上市公司基本信息年度报告以及托宾Q等财务数据文件。本研究首先依据上市公司代码和年份对六个文件进行了合并,合并后的初始记录数为39 657条,共3 617家公司。合并过程中对原始数据进行了过滤:第一,出于数据完整性的考虑,对于大部分文件不包括的年份数据如2003年以前的和2019年以后的公司记录进行了排除;第二,删掉了上市不足三年的公司数据,以及对连续十年左右(或有2/3的经营年度)标记为ST的样本,中间还涉及更换股票代码的集团公司的数据合并。过滤后的记录数为30 495条,共2 823家公司。

表 6-1 研究数据处理过程文件

文 件 名	文件类型	公 司/家	记 录/条
国有股持股数	.xlsx	3 596	32 172
民营上市公司数据	.xlsx	1 816	17 144
研发投入占比	.xlsx	3 058	15 849
资产负债和利润	.xlsx	3 331	39 036
上市公司基本信息年度报告	.xlsx	3 627	35 624
托宾Q等财务数据	.xlsx	3 679	137 199

(2) 文本分析数据的收集与整理。在二手数据收集的基础上,本研究进行了年报的爬取和处理过程。首先编制爬虫软件抓取来源为上交所和深交所(由于深交所的网站抓取太慢且失败率偏高,部分年报又从新浪财经进行了补充抓取)的上市公司年度报告,并将PDF格式的文件通过转换工具(pdfminer)进行转换,提取文本文件。最终,成功提取出本文年报26 310份,共涉及2 475家公司,过程中共抓取PDF文件62 GB,转换为TXT文本格式后总计大小为8.2 GB。最后,分别对26 310份TXT文件进行了文本词频分析,并将上一步骤中合并的数据和词频分析文件依据上市公司代码和年度进行合并,其间,再次过滤掉缺少连续三年统计数据的样本,最终获得了25 923条记录,涵盖了沪深A股上市公司共1 938家。

(3) 数据的检查核对。为了确保原始研究数据的可靠性以及避免整理过程中的差错,数据分析前本研究对数据进行了两种方式的检查核对。一是采用人工检查的方式对上市公司依据代码进行年份数据的核对检验,对异常值进行了修正和合并,如有个别上市公司中间进行了集团化改制和上市代码的更换,研究中对前后数据进行了合并;还有个别公司在2003年至2019年间申请了退市,此部分样本多是由于经营不善被迫退市的公司,此类公司的知识策略往往会处于异常状态,为了避免样本数据的个别偏差,对此类样本也进行了过滤处理。除了人工检验外,本研究还对原始数据进行了描述性统计分析,通过描述性统计分析结果以判断数据的正常与否,例如某变量的最大值和最小值是否在合理的范围之内,超过合理范围的数据有可能是统计过程中的失误造成的,在发现异常数据后进行多方的核证检验,如通过查询国泰安数据库中的原始记录,或者通过百度或企业网站进行多方验证,以最大程度地确保数据的准确性。

(4) 数据分析。在本章数据处理的基础上,第七章和第八章分别进行了数据的描述和统计分析。统计回归中,研究还会根据具体的变量的定义和取值,进行统一的变换,如企业规模在具体回归中会取自然对数值,以便于对回归系数的比较性和计量结果的科学性进行解释。基于描述和统计回归结果,得出本研究的研究结论。

三、数据分析方法

本文的研究目的主要是为了探究不同的驱动力量对企业采取的知识策略以及企业绩效和成长潜力之间的影响机制。选取的数据样本为中国A股上市公司2003年至2019年17个年度区间内观察值不少于三年的样本。样本总体属于非平衡面板数据,样本特征属于大N小T类型。各部分数据分析采用的具体方法主要介绍如下。

(1) 为了体现模型中相关变量之间的动态时序特征,借鉴前人(Uotila等,2008;Johannes L等,2018)的研究方法以及统计学上的相关研究结论。本研究的主效应回归采用了系统GMM方法。系统GMM方法同时使用一阶差分方程的矩条件和水平方程的矩条件,可以解决差分方程中内生变量的弱工具变量问题,以及改善个体效应的波动远大于常规干扰项的波动所带来的差分GMM估计表现欠佳的问题。同时,邦德(Bond)等人认为两步的GMM估计值的标准误差会有明显的下降,罗德曼(Roodman)也认为,随着时期数的增加,系统GMM会产生大量的工具变量,其数量可能会超过内生变量,从而削弱模型的设定检验。因此,本研究倾向于选用两步系统GMM方法进行模型的估计。

(2) 在检验知识策略对企业营业利润和企业未来成长潜力的中介效应时,依据中介变量的检验程序,本研究采用了层次回归方法进行数据效果的检验。

(3) 在进行时间效应检验时,本研究就关注的不同模型间的时间效应进行了对比分析,并对时间效应的结果进行了可视化的处理,以更直观的方式呈现模型的回归结果,便于回归结果的观察和比较。

第二节 变量度量

根据上一章的研究假设,本研究涉及的研究变量主要有以下几个:双元驱动力、知识策略、企业绩效、企业规模、企业年龄、高管持股比例、研发支出比例以及行业类别。其中,作为中介变量的知识策略涉及三个维度:探索策略、利用策略和双元策略。此外,为保证绩效测量的客观和全面,本研究引入了两个绩效指标:一个是反映短期绩效的营业利润;另一个则是反映企业成长潜力的托宾 Q 值。此外,为了保证研究的准确和有效,本研究也对相关变量进行了控制,并测量了主效应的时间效用。本研究涉及的变量概念和详细说明可见表 6-2。

表 6-2 变量概念明细表

类 型	变 量	符 号	变 量 描 述
自变量	双元驱动力	SO_Ratio	国有持股比例
中介变量	探索策略	Explor	知识探索活动的文本分析词频
	利用策略	Exploit	知识利用活动的文本分析词频
	双元策略	Explor_Ratio	知识探索活动占全部知识活动的比例
因变量	营业利润	Profit	企业的年度营业利润
	成长潜力	TOQA	企业的年度托宾 Q 值:所有者权益和负债的市场价值与公司账面总资产的比值
控制变量	企业规模	Asset	企业年末总资产的自然对数
	企业年龄	Age	企业成立年数的自然对数
	高管持股比例	TM_Ratio	企业年末总负债的自然对数
	研发支出比例	RD_Ratio	研发支出占上年度营业收入的比重
	行业类别	Indu_Code	企业所处的行业代码

为了使研究中对变量的度量能最大限度地反映本研究所界定的概念内涵,本研究在度量指标的选取过程中开展了以下工作。

(1) 文献回顾。通过对大量相关文献的研读,确保变量度量的选取具有扎实的理论支撑。每一个变量的测量都尽可能地收集到国内外相关文献作为度量选取的支持，如果没有实证研究的支持，则尽可能地依据一定的理论分析，以保证变量度量的可靠和有效性。

（2）研究人员的自身经验。本研究作者自2008年以来一直在某知识型单位工作，通过对企业运作和管理职位的体验和经验积累，比较清楚地了解到企业知识策略的驱动力量、知识策略的实施和绩效等各个方面。因此，本研究利用作者自身的经验和相关企业资料，可以在变量的选取和度量中坚持可操作性的思路，保证各变量对研究内容的测度效度和实际可得性。

（3）专家访谈。本研究变量的度量还借助了专家访谈的方法，在变量的选取和测度设计期间，作者通过专家访谈的方式征询了多位知识管理领域的教授和企业知识决策制定的中高层负责人，就研究的框架结构和变量测度进行沟通和访谈，通过对变量内涵和外延的理解和讨论，有针对性地进行实地探讨和理论推导，调整和优化研究思路，并在此基础上选取合适的变量和研究方法，形成本研究的研究思路和具体框架设计。

（4）信度和效度检验。本研究在完成收据的收集工作之后，运用STATA15统计软件对数据的信度和效度进行了初步分析，并据此对研究数据进行了一些预处理，以保证研究数据处理的科学性和可靠性。

一、自变量

本研究的自变量是双元驱动力，即企业决策制定的重要驱动力量来自政府还是市场。而这一影响的作用机制主要是通过企业的控制权来实施的。比如，国有控股企业的决策制定往往受到政府力量的驱动，此类企业的决策动机往往不是利益最大化，而更多是以就业、保障民生、企业税收、当地形象等政策为导向的，这一现象的背后则是国企高管选拔、任命、提升以及企业内部运作的预算申请审批等相关的政府制度逻辑（Greve, et al, 2017）；相反，以市场为驱动的民营企业，遵循的主要是市场的经济制度逻辑，即以获取利润为主要目的。当企业内部运作中，同时存在这两种驱动力量时，企业的决策制定往往会同时受到两种制度逻辑的影响，而企业最终决策的制定，还会受到两种驱动力"代表"能力差异的影响。鉴于此，本研究着重考察企业的双元驱动力对企业知识策略制定的影响，以及最终对企业绩效的影响机理。此外，鉴于中国的经济发展以及企业运作的特殊机制，考察以国有股持股比例所表征的双元驱动力对企业绩效的影响机理，探索具有中国情境的管理理论，对本领域研究范围进行拓展也具有十分重要的理论价值。

之所以选用国有股控股比例作为双元驱动力的表征，主要是基于本领域相关研究的尝试，从一定程度上验证了这一做法的有效性。从企业运营的角度来说，所有权是控制或指挥企业运作的关键，政府驱动力或市场驱动力作用的发挥，需要企业内部代表来执行相关驱动目标。如政府可以通过股权或人事任命来控制企业的决策,而民营企业家则可以认为是市场驱动力的直接代表,以追求利润为主要目的。民营企业的执行主体主要通过董事会任命企业高管,以股东大会等形式执行企业股东追求利润的目的。因此,借鉴有关研究的做法,本研究以国有股控股比例来表征双元驱动力的大小。当国有股控股比例高时,政府驱动力就大,同时市场驱动力则处于相对弱势;反之,则以市场驱动为主。此外,则是基于数据的可得性、可比较性和便利性的考量,采用国有控股比例作为政府驱动力大小的表征,在当前背景下,易于理解并易于进行企业间的横向比较。

二、中介变量

本研究中,双元驱动力通过影响企业的知识策略进而影响企业的短期和长期绩效,在这一影响机制中,知识策略属于中介变量。知识策略是有关组织如何创造、分享及应用知识来达到竞争优势的策略。知识策略驱动并形塑了组织的学习过程(Bierly & Chakrabarti,1996)。探索和利用作为两种不同类型的知识策略从20世纪90年代初就得到了学术界的广泛关注(March,1991)。知识探索策略涉及搜寻、知识变异、风险承担、发现和创造新的知识;知识利用策略包括了对现存的知识进行精炼、改进、升级、实现和执行。而双元知识策略则是指企业同时兼顾探索和利用两种知识策略的能力和部署。

学者们对知识策略的测量方法不尽相同(Lavie & Rosenkopf,2006;Rothaermel & Deeds,2004;Uotila,et al,2008)。现有研究对知识策略的测量主要有两类方法。第一类是问卷调查法,主要通过对企业高管的题项调查来判断企业对两种知识策略的重视程度,从而评估企业的双元知识策略。此类方法往往受限于调研问卷的发放范围,问卷数量往往至多为几百份,且问卷题项的评价一般会受到主管的个人主观评价的影响,难以进行横向的比较。第二类方法则是通过对能够反映两种知识策略的关键词进行大范围的文本计量分析,以开展相应的知识策略活动的次数来评估企业知识策略的多少和平衡程度,此类方法是目前唯一能够进行大规模数据收集和进行横向比较的较为有力的评价方法,但目前关于双元知识策略的测量方法尚未形成统一观点。如沃蒂拉(Uotila)等2008年收集了279家标准普尔500指数中的制造公司1989—2004年的面板数据,并采用系统GMM模型验证了探索倾向与企业绩效之间的倒U形曲线关系。在沃蒂拉(Uotila)等的研究中,使用了探索倾向,即探索策略占所有知识策略的比例来衡量知识策略的二元平衡性。王凤斌等提出了有机平衡观,此观点认为使用 $1-|x-y|/(x+y)$ 来衡量平衡度更为准确,其中 $|x-y|/(x+y)$ 则代表了企业能力的不平衡度。

本研究借鉴沃蒂拉(Uotila)等(2008)的做法,对双元策略的平衡采取了一种较为新颖和客观的测度方式,即通过采用能够反映两种策略活动类型词频的相对比例的方式来进行测量,取值范围为[0,1]。当两种类型的策略词频比例差异不大时,也就是取值在0.5左右时,说明企业能够兼顾两种知识策略的平衡;反之,当取值偏向0或1时,说明企业侧重于某一种类型的知识策略。

这种测度方式,排除了采用问卷调查法带来的主观评价以及对两者交互项的不同计算方法带来的偏差影响,能够更加客观地评估企业的双元知识策略对企业绩效的影响。与主观问卷评价相比,文本分析方法具有更普遍的适用性,并使得大规模的数据分析成为可能。此外,采用客观的文本测量方法也可以排除问卷法的主观评价与理论界定之间不匹配的风险。

本研究所采用的文本分析词汇是在总结本领域相关研究的基础上,进行了词汇的汇总和统计,并依据中国的语法使用习惯,进行了词汇的翻译和扩展。为了便于进行双元知识策略的比较,本研究为探索策略和利用策略分别选取了对等的16个词汇进行词频统计,词汇以及词汇的来源示例分别见表6-3和表6-4。探索活动的文本分析词汇包括16个:探索、探究、研究、研发、科研、搜寻、搜索、变化、变异、风险、冒险、实验、创新、设计、灵活和发现。利用策略的文本分析词汇包括16个:利用、应用、开发、提炼、精炼、精益、稳定、选择、生产、投产、效率、成本、改进、改良、执行和实施。从表6-4的来源示例中可以看出,所选词汇符合汉语的使用规则,词汇的语境与语义符合知识策略测量的本意,因此,也在语境角度验证了知识策略度量的效度。

表6-3 知识策略文本分析词汇表

探索活动	探索/探究/研究/研发/科研,搜寻/搜索,变化/变异,风险/冒险,实验,创新/设计,灵活,发现
利用活动	利用/应用/开发,提炼/精炼/精益,稳定,选择,生产/投产,效率/成本,改进/改良,执行/实施

表6-4 知识策略文本分析词汇与文本示例

词汇	文 本 示 例
探索	不仅在经营活动中要节约资源、保护环境,我们也在探索进入环保产业、循环经济产业
	近年来积极探索的事业合伙人机制正是秉承"以奋斗者为本"的基本理念,鼓励奋斗者自发涌现,在奋斗中成长
	公司积极探索科学的国际化发展路径,加强对海外业务的可行性研究,完善国际业务管理体系

续　表

词汇	文 本 示 例
研究	为获取新的技术和知识等进行的有计划的调查阶段,应确定为<u>研究</u>阶段,该阶段具有计划性和探索性等特点
变化	项目可行性发生重大<u>变化</u>的情况说明:根据公司最新战略规划,结合行业发展方向及新技术、新产品的应用情况,公司于2016年9月对原募投项目进行了调整和变更
实验	并在未来建立多个相关<u>实验</u>室、<u>实验</u>基地(目前已建立的<u>实验</u>室有:"微生物、水藻、苔藓"清洁技术<u>实验</u>室)……未来将经营运作在《深圳"一带一路"环境技术转移中心》落户的院士工作站下属的多个<u>实验</u>室、<u>实验</u>基地,这些科研布局将为集团业务发展提供颠覆性的创新技术方案
	公司子公司开发的应答器通过西班牙<u>实验</u>室的互联互通测试和劳氏SIL4级安全认证,先后在上海局、北京局、长春动车所等多处安装试用
创新	新能源汽车产业技术<u>创新</u>工程经费补助……
	公司一方面不断完善战略规划,建立专业的组织架构,发挥优势,修炼内功,提高自身<u>创新</u>能力
	公司开创的轨道交通整条线路全生命周期盈利模式属于轨道交通行业的商业模式<u>创新</u>,项目的具体实施及模式的最终实现受外部环境变化、自身经营管理能力、产业资源匹配等多种因素的影响,具有不确定性,对过程中遇到的各种问题需要不断探索研究,并对战略规划及业务布局进行相应调整
利用	有效<u>利用</u>资本市场提供的并购相关优良经营性资产和扩大业务的机会,满足在印尼经营业务在两年内大幅跃升的需求
	结合当地优势资源,<u>利用</u>资金、市场、管理的优势,因地制宜扶持当地特色产业
	克服市场环境恶化和业态转型升级等困难,有效提高资源<u>利用</u>率,严格控制成本支出,确保了公司基础业务的平稳和发展
	<u>利用</u>3D打印材料及技术优势,向下游3D打印加工服务延伸,增加销售收入
效率	结合公司战略和业务发展状况,健全内部运营和管理体系,对内防范风险、提高经营管理<u>效率</u>
成本	通过机器人的标准化、规范化作业,数据修车系统的指导决策,保证检修质量,提高检修效率,降低<u>成本</u>,提升公司产品竞争力
改进	将研究成果或其他知识应用于某项计划或设计,以生产出新的或具有实质性<u>改进</u>的材料、装置、产品等阶段,应确定为开发阶段,该阶段具有针对性和形成成果的可能性较大等特点
执行	使其实现公允反映,并设计、<u>执行</u>和维护必要的内部控制

三、因变量

任何企业决策都将落实到企业活动中,并最终影响企业的绩效。本研究选取了企业营业利润和成长潜力(托宾 Q 值)两个因变量来反映企业知识管理的绩效。这样做的目的是希望兼顾企业短期利润和长期的价值表现,以期能够与企业的两种知识策略的特性相匹配。

(一) 企业营业利润

衡量企业绩效的指标有很多,如产品绩效、过程绩效和结果绩效等。企业的绩效指标一般包括销售额、销售量、投资回报率、市场份额增长率等,与企业知识策略相关的绩效有专利获批数量、专利引用数、创新产出的价值增值量(托宾 Q 值)、知识的累积量等(Jaffe,1989;Ahuja,2000;Stuart,2000;Bronwyn,et al,2005)。以往研究也有采用主观绩效评价作为企业绩效测量指标的情况(Bierly & Daly,2007;Burton,O'Reilly,Bidwell,2012;Cao,Gedajlovic,Zhang,2009;Gibson & Birkinshaw,2004;Lubatkin,Simsek,Ling,Veiga,2006;Markides & Gharitou,2004;Masini,Zoilo,van Wassenhove,2004;Schulze,Heinemann,Abedin,2008)。本研究关注的对象是双元驱动力对企业知识策略和企业绩效的影响机理,知识策略涵盖了企业运营的方方面面。短期来看,营业利润可以反映利用策略执行的效果,而连续几年甚至十几年的营业利润不但可以体现企业知识利用策略效果的持续性,更能体现企业探索策略的长期效果。因此,本研究选取了企业的年度营业利润作为企业绩效的指标之一。

(二) 企业成长潜力

企业的成长潜力(托宾 Q 值)不但关注了企业的当前运营状况,更是投资者对企业未来成长价值主观判断的市场体现。本研究参考沃蒂拉(Uotila)等(2008)的研究,采用托宾 Q 值来代表企业的长期成长潜力。之所以选择市场价值托宾 Q 值作为企业成长潜力的衡量指标,是因为探索策略对企业绩效的影响较为长期,而利用策略的绩效影响偏向于短期,单一的营业利润指标无法同时准确反映企业短期或长期的综合价值表现。而市场价值托宾 Q 值既能够反映企业的短期绩效又可以体现人们对企业长期绩效的预期。因此,托宾 Q 值作为一项成长潜力的代理指标,既能够满足研究的需要,又可以规避烦琐的多变量计算。基于市场价值的测量也已经被不同时期的很多研究用来作为检验企业绩效的代理变量(Lubatkin & Shrieves,1986;Allen,1993;Richard,Murthi,Ismail,2007;Huselid,1995;Goosen,Bazzazian,Phelps,2012;Uotila,Maula,KeU,Zhara,2008;Wang & Li,2008;Goosen,Bazzazian,Phelps,2012),以往研究也验证了这一代理变量的可行性和有效性。

综合而言,本研究绩效指标的选取兼顾了短期绩效(利润)和长期绩效(成长潜力),又从一定程度上兼顾了客观(文本数据)和主观(价值评价)评价,整体而言,被解释变量的选取是较为准确而客观的。

四、控制变量

为了控制其他因素带来的影响,本研究选择了企业规模、企业年龄、高管持股比例、研发支出比例和行业类别这五个变量作为控制变量,具体理由如下。

(一)企业规模

企业实施何种类型的知识策略,其中的一个极为重要的因素就是企业自身规模的大小。当前研究对企业规模这一内部因素对企业知识策略倾向的影响并未达成一致(Beckroan et al,2004;Rothaermel & Deeds,2004)。一种观点认为,企业规模越大,层级式的制度化管理越完备,企业的知识策略越偏重于知识利用策略;但另一种观点认为,随着企业规模的变大,企业会有更多的冗余资金投入到探索策略中,而且从企业长期成长的角度,大企业更需要长期竞争优势的支撑。以上观点大部分来自西方学者或者对西方大公司的研究结论。对于中国上市公司而言,企业规模是促进了企业的探索还是更有利于利用策略的开展,仍需要实证研究加以验证。因此,本研究以企业的总资产对企业规模进行了度量,并在回归过程中采用取自然对数的形式来进行效果的验证。

(二)企业年龄

当前有关知识策略的研究中,都将企业年龄作为一项控制变量(Lavie & Rosenkopf,2006)。随着企业的成长,内部运作会越来越依赖已形成的惯例和能力,企业的知识策略也会趋于稳定,有些企业会持续偏向于采用探索策略,而其他企业则更习惯于采用利用策略。一般而言,越晚成立的公司越寄托于探索策略带来快速的成长,而成就较久的公司则更多依赖以前的经验,帮助企业从事更有效的利用和改进。因此,本研究将企业年龄作为其中的一项控制变量。

(三)高管持股比例

企业的性质会从根本上影响企业的决策动机和行为表现,而同时,企业高管的持股比例作为一种企业内部的顶层结构,也会影响企业的权利配置。相对而言,高管的持股比例越高,企业的运营决策权越趋向于集中;而对于拥有股权的高管而言,追求股权的高回报是经济主体逐利特性的根本所在。因此,本研究认为,高管的持股比例越高,企业的运营越趋向于市场和利润取向,进而影响到企业知识策略的选择。因此,为了控制企业高管股权配置的影响,本研究将企业高管的持股比例作为其中的一项控制变量。

(四) 研发支出比例

本研究中将企业的研发支出占营业收入的比例作为其中的一项控制变量。研发支出比例与企业的外部活动并不能相互替代,且研发支出可以表征企业内部的探索努力和能力,并透过这一内部因素影响外部的知识探索和利用实践。

(五) 行业类别

企业所处行业不同会对企业的知识策略产生较大的影响。一般而言,高科技行业的知识探索行为会普遍高于传统行业,而在竞争较为激烈的行业中的企业开展知识探索或利用的频率和概率也会高于处于垄断行业的企业。因此,控制行业的类别可以提高模型的解释力度。在本研究的实证回归模型中,同样控制了企业所在的行业类别,为了减少行业类别的数量,回归模型中将企业的行业代码只依据第一大类进行了划分。

第三节 测量的信度和效度

通常来讲,信度和效度的评估可以反映变量测量的质量,本节对研究中涉及的研究数据的信度和效度进行简单的说明。由于本研究的主体数据为二手数据,数据的发布主体为各上市公司,且各文件的发布除了公司内部审计以外,还需要经第三方审计以验证数据的真实有效性,因此,二手数据的信度和效度一般是不存在问题的,本节主要对研究中有关知识策略测量的信度和效度进行说明。

一、信度分析

信度(Reliability)指的是采取同样的技术方法对同一对象进行重复测量时得到相同结果的可能性(巴比,2000),也即测量数据的可靠程度。本研究的数据主要由两部分构成:一部分是来自国泰安数据库中的上市公司的财务报告和企业基本信息;另一部分则是依据各公司的年度报告进行的文本分析数据。本研究所涉及的研究数据不存在信度方面的问题,对于上市公司的财务报告和其他依据证监会要求披露的信息而言,这些数据都是依据国家有关合规性的要求进行披露的,数据是客观的,重复测量的结果是一致的,因此,这部分数据不存在信度方面的问题。另外,对于本研究的文本分析数据而言,本研究分析的文本本身是上市公司合规性信息披露的一部分,分析的信息对象本身是客观真实的,另一方面,本文采用的文本分析词汇是在众多相关研究中不断提炼总结出来的,测量方法本身是经过学界认可的,因此,测量技术本身具备较高的信度。即便本研究个别词汇的使用存在不当之处,对本研究来说,这样的不足属于系统性偏差,只有随机误差才会引起测量结果的不一致性,进而降低测量的信度,而系统性偏差总是以相同的方式影响着所有的测量值,因此,不会造成测量结果的不一致性。综上,无论是从数据来源本身来说,还是从测量的方式和方法来说,本研究的数据均不存在信度不一致的问题。

二、效度分析

效度是指测量工具或方法能够准确反映变量真实含义的程度,测量结果与要考察的内容越吻合,则效度越高。本研究由于大部分数据来源于上市公司的财务报告和基础信息披露,本身具有较高的效度。研究中涉及的测量数据则主要是对知识策略的测量,本研究主要通过以下方法来保证测量的有效性:研究中知识策略各维度的测量采用已被验证过的、较为成熟的测量方法,对知识策略类型的词汇分析均是在已有研究中被广泛认同和使用的;采用的测量方法虽在国内未被广泛使用,但在国外的研究中已被广泛认同和使用,在一定程度上表明了知识策略测量方法具有较高的效度。

本 章 小 结

本章主要介绍了本研究的研究方法。实证研究设计部分主要概述了本研究数据的行业选取方法,剔除了部分高集中度并较少开展知识创新的个别行业。数据的来源构成主要包括两个部分:一部分为二手数据的收集和整合;另一部分则对样本的年度报告进行了知识策略的文本分析和词频统计,研究中将两部分数据依据企业代码和年份进行了整合。本研究的数据分析方法主要参照现有的相关研究,采用了系统 GMM 方法进行回归分析。变量的度量和概念说明部分对本研究涉及的各研究变量进行了概念和测度方法的说明。本章最后对本研究数据的信度和效度进行了简要的分析。本章内容是下一章的数据统计分析的基础和铺垫。

第七章

描述性统计分析

第一节 样本的描述性统计

本研究样本来源包括两个部分,原始统计数据来自国泰安CSMAR(经济金融数据库)沪深股市上市公司数据,具体选取了行业代码、统计截止日期、地区、股本总数、其中国有股数、总资产、研发投入占营业收入比例、企业年度财务报告等具体信息。企业的知识策略部分则依据基础上市公司数据进行了公司年报的抓取和文本计量分析工作,对所得数据进行了一定的过滤和合并,进而形成了本研究的总体样本数据。本节将对总体样本数据进行描述性统计分析。

本研究的数据类型属于大N小T类型(即样本个数远远大于时期数)的面板数据,原始数据共包括2 823家上市公司数据,通过删除知识策略的缺漏值以及保留至少三年连续观察值的处理后,本研究最后研究样本保留了1 938家沪深A股上市公司从2003年至2019年间不连续的观察值共25 923个。

采用STATA15中的面板数据处理命令,对研究初始数据进行了预处理和类型描述。表7-1为本研究得到的样本数据的时期分布表,公司年度数据从2003年至2019年,其中公司样本最短的包括3年的公司年度数据,最长的包括17年的年度数据,一半以上的样本量拥有12年以上的数据。可见,研究数据的时期分布情况还是比较理想的。

表7-1 本研究样本数据的时期分布表

样本数据时长/年	3	3	7	11	15	17	17
时期分布	最小	5%	25%	50%	75%	95%	最大

注:此表运用STATA15中面板数据的xtdes命令获得。

通过对样本数据模式的总体分布情况的分析可见(表7-2):289家上市公司具有完全连续的17年观察数据,占总样本量的14.91%,并在所有分布模式中占比最高;缺失了2015年一年观察值的公司有67家,占总样本数的3.46%;只拥有2017—2019三年观察值的公司有63家,拥有2016—2019年四年观察值的公司有46家,这两类数据模式的公司主要为较新上市的公司。同时,本研究数据仍有1 070家公司的数据模式不在所列出的九种类别中,占到总公司样本量的一半以上。总体而言,本研究的数据分布模式较为多样,呈现出不连续不对称的大样本数据特性。总体样本基本涵盖了中国沪深A股上市公司的一半以上,研究数据具有一定的代表性。

表7-2 本研究样本观察值的数据分布表

序号	频 率	占 比(%)	累积占比(%)	分 布 模 式
1	289	14.91	14.91	1111111111111111
2	123	6.35	21.26	........1111.1111
3	88	4.54	25.8	111111111
4	78	4.02	29.82	11111111
5	69	3.56	33.38	........111.1111
6	67	3.46	36.84	111111111111.1111
7	63	3.25	40.09	111
8	46	2.37	42.47	1111
9	45	2.32	44.79	........111..1111
10	1 070	55.21	100.00	其他模式
合计	1 938	100.00	100.00	/

注:此表运用STATA15中面板数据的sort pattern命令获得。

第二节 研究变量的描述性统计

本研究共包括四类变量:控制变量、自变量、中介变量和因变量。本节将就涉及的具体研究变量进行描述性统计,具体结果见表7-3。

控制变量共包括五个:企业年龄、企业规模、高管持股比例、研发支出比例以及行业类别,由于行业类别作为类型变量未给出具体的统计数据。从表7-3中可以看出,企业年龄的平均数高达19.97,最小值为8年,最大值达到41年,说明中国沪深A股上市公司的年龄均为10年左右,即便是满足已上市三年的公司,其公司的年龄最低值也在8年,这也意味着中国公司要达到上市的条件,至少已运营了5年。详细描述数据也显示,样本上市公司中50%以上的公司年龄都超过了20年。由于研究样本数据为面板数据,大型制造公司的资产数量会无形中会使得样本公司的规模偏大,规模的标准差也说明样本公司的规模的分布较为分散。此外,规模的偏度和峰度均较高,也证实了上述观点。高管持股比例的数据显示,持股比例均值为0.054 326,最小值和最大值分别为0和0.749,峰度较高。通过具体的数据描述,也发现样本公司中有一半以上高管持股比例都处在最小的0值处,只有10%的公司高管持股比例在24%以上。说明中国上市公司的高管持股比例相对分散。就研发支出比例而言,公开数据相对有限,均值在4.4%,最大值达到了营业收入的151%,但峰度较为突出。详细汇报结果显示,样本中50%以上的公司研发支出比例占营业收入的比例不足3.38%,5%以上的公司研发支出比例在12.13%以上,有1%不到的公司研发支出比例可达25.3%。整体而言,研发支出比例并不高,但极差较大,也体现了中国上市公司研发投入策略的差异性异常显著。

表7-3 研究数据的描述性统计

变量	样本数	均值	标准差	最小值	最大值	偏度	峰度
Age	18 866	19.965 860	4.805 069	8	4.10×10	0.082 638	3.325 803
Asset	18 855	5.91×10^{10}	7.30×10^{11}	5.11×10^4	2.81×10^{13}	22.891 010	569.090 500
TM_Ratio	18 865	0.054 326	0.135 965	0	7.49×10^{-1}	2.793 114	10.066 380
RD_Ratio	8 982	4.411 642	5.551 270	0	1.52×10^2	8.095 242	137.125 400
SO_Ratio	18 865	0.122 611	0.210 586	0	9.15×10^{-1}	1.514 083	3.910 154
Explor	18 866	77.196 230	58.624 770	1	7.29×10^2	2.619 317	16.775 180
Exploit	18 866	158.339 000	62.895 620	1	7.17×10^2	0.674 126	4.925 751
Explor_Ratio	18 866	0.295 320	0.105 221	3.36×10^{-2}	7.70×10^{-1}	0.611 533	4.084 772
Profit	18 866	1.17×10^9	1.16×10^{10}	-2.61×10^{10}	3.62×10^{11}	20.547 140	500.653 400
TOQA	18 181	5.318 244	378.348 500	6.95×10^{-3}	5.09×10^4	122.746 300	1.51×10^4

本研究重点考察的自变量是双元驱动力,采用国有持股比例作为工具变量来测度政府驱动力的大小。从表7-3的描述性统计结果来看,国有持股比例的最小值为0,最

大值为 0.915,均值为 0.122 6,峰度和偏度都相对缓和。从详细的描述性汇报结果来看,50%以上的企业的国有持股比例为最小值 0,不到 10%的样本公司的国有持股比例超过 50%,也就是传统意义上的国有控股企业。

本研究的中介变量,也即知识策略的衡量及作用机理,包含三个维度:探索策略、利用策略和双元策略,分别对应表 7-3 中的 Explor、Exploit 和 Explor_Ratio 三个变量,从描述性结果来看,探索策略和利用策略的最小值都是 1,这是由于在数据统计时,为了解决统计处理上的难题,将统计量为零的少数样本替换为 1。最大值分别为 729 和 717,值得关注的是两者均值的差异,探索策略的均值为 77,利用策略的均值为 158.339,显著大于探索策略,且大小约为探索策略的两倍。这也从另一个侧面反映了中国上市公司目前的知识策略普遍关注能够提升企业效率的利用策略,而对能够带来开拓性创新的探索策略关注度还不足。同时,详细汇报结果也显示,探索策略超过 100 的企业不足总样本的 1/4。同时,超过 3/4 的企业的利用策略超过了 100。之所以会形成这样的局面,也与中国企业的发展历史和发展阶段有关。以探索倾向表征的双元知识策略的描述结果显示,其均值为 0.295,最小值和最大值分别为 0.033 6 和 0.77,偏度和峰度分别为 0.611 533 和 4.084 772,呈厚尾略正偏的正态分布。详细描述结果显示,只有 10%不到的样本量其双元知识策略超过了 0.4,1%不到的样本量超过了 0.6。可见,大多数企业的探索倾向双元知识策略比例均不足 0.4,这也反映了中国上市公司整体的知识策略。

本研究的因变量选取了两个指标,一个是反映公司短期绩效的营业利润,另一个则是可以反映公司成长潜力的托宾 Q 值。两个变量的描述结果显示:营业利润和托宾 Q 的均值分别为 1.17×10^9 和 5.318 244;最小值分别为 -2.61×10^{10} 和 0.006 95;最大值分别为 3.62×10^{11} 和 5.09×10^4。除了表 7-3 中所汇报的项目外,详细描述结果显示,50%以上公司的成长潜力超过了 1.5,只有 1%不到的公司的成长潜力超过了 10,而无论是企业的营业利润还是成长潜力,峰度都超过了 500,特别是成长潜力的峰度更是达到了 1.51×10^4。可见,目前中国上市公司的成长潜力差异巨大,综合所有变量的峰度值,当前中国上市公司在规模、营业利润和成长潜力三者的分布差异性较大,而成长潜力的差异尤其显著。

第三节　Pearson 相关性分析

为了防止在回归模型中出现较为严重的多重共线性问题,也为了反映变量之间的关系,本研究在进行模型处理之前对涉及的相关变量进行了相关性分析。研究变量的 Pearson 相关系数参见表 7-4。

表 7-4 本文研究中各变量的 Pearson 相关矩阵

变量	Age	Asset	TM_Ratio	SO_Ratio	Profit	TOQA	Explor	Exploit	RD_Ratio
Age	1.000 0								
Asset	0.064 0* (0.000 0)	1.000 0							
TM_Ratio	−0.332 8* (0.000 0)	−0.030 9* (0.000 0)	1.000 0						
SO_Ratio	0.065 6* (0.000 0)	−0.002 9 (0.686 0)	−0.221 0* (0.000 0)	1.000 0					
Profit	0.044 4* (0.000 0)	0.936 9* (0.000 0)	−0.035 6* (0.000 0)	0.004 7 (0.518 1)	1.000 0				
TOQA	0.000 0 (0.995 9)	−0.001 1 (0.882 3)	−0.002 4 (0.743 0)	−0.005 4 (0.468 9)	−0.001 2 (0.866 4)	1.000 0			
Explor	−0.174 0* (0.000 0)	0.372 4* (0.000 0)	0.177 6* (0.000 0)	−0.256 4* (0.000 0)	0.356 1* (0.000 0)	−0.007 7 (0.299 1)	1.000 0		
Exploit	−0.213 7* (0.000 0)	0.085 2* (0.000 0)	0.158 9* (0.000 0)	−0.300 6* (0.000 0)	0.123 2* (0.000 0)	−0.011 9 (0.109 8)	0.610 6* (0.000 0)	1.000 0	
RD_Ratio	−0.173 2* (0.000 0)	−0.106 9* (0.000 0)	0.239 0* (0.000 0)	−0.074 0* (0.000 0)	−0.078 6* (0.000 0)	0.235 5* (0.000 0)	0.205 9* (0.000 0)	−0.045 8* (0.000 0)	1.000 0

注：*** 代表 $P<0.001$，** 代表 $P<0.01$，* 代表 $P<0.05$。

相关性分析的主要目的并不是寻找变量间的因果关系,而是通过对各变量之间的相关系数检验研究变量之间关系的密切程度,反映变量间相互作用的大小和可能性。通过相关性分析,可以判断模型的设定是否合理,以决定是否需要进行线性检测。本研究采用 STATA 15 的相关性分析命令对研究中涉及的定量变量进行了 Pearson 相关性分析。Pearson 相关系数是一种描述变量间相关强度的量,取值介于—1 和 1 之间。

　　依据 Williams(1992)的分类标准,将变量之间的关系分为三类:第一类是高度相关,条件是变量间的相关系数大于 0.7;第二类为中等相关,相关系数需介于 0.4～0.7;第三类则为低度相关,条件是相关性系数小于 0.4。从表 7-4 中可以看出,除了企业规模(Asset)和企业的营业利润(Profit)两个变量间的相关系数大于 0.9,符合 5%的显著性水平的设定,表现出"高度相关"的特征。其他变量间的相关系数均小于 0.7,说明本研究所采用的数据不具有明显的多重共线性问题,除了规模、营业利润和总负债三个变量不能同时加入一个回归模型外,其他变量都可以根据理论设定进行模型的回归检验。上述各变量能够支撑本研究并能够较为客观真实地反映企业的知识策略选择和经营的状况。

　　上述分析表明,本研究各变量的共线性问题并不严重,研究变量具有较高的合理性,具有进一步研究的意义。

本 章 小 结

　　本章主要是通过对研究样本数据的整体描述性分析,获取样本数据的概貌。总体而言,本研究的数据属于大 N 小 T 类型的非均衡面板数据,时间范围涵盖了 2003—2019 年共 17 年非连续的样本统计数据。从样本的分布模式来看,研究样本保留了满足最低三年连续数据的样本,样本总量为 1 938 家企业。整体而言,本研究的数据分布模式较为多样,具有连续 17 年观察值的样本仍是所有分布模式中比例最高的,占总样本量的 14.91%,总体样本基本涵盖了中国沪深 A 股上市公司的一半以上,研究数据具有一定的代表性。通过对具体研究变量的描述性统计分析,发现本研究数据具有较好的客观性真实性和代表性;除了各研究变量的基础描述性分析,本章还汇总了各变量的详细描述结果,并对各变量的分布特征和表征含义进行了解释,发现本研究所获取的研究变量与所表征的含义具有较强的相关性和合理性。除此之外,本章还就各研究数据的 Pearson 相关性进行了检验和统计描述,以在具体的回归分析之前,确保研究数据回归的合理性和科学性。综合而言,本研究数据较为客观真实,变量间不存在较为严重的多重共线性问题。本章的数据描述和检验,为下一章各模型的回归假设检验提供了良好的支持,以确保本研究数据在模型回归中能够客观真实地反映各变量之间的数理统计关系。

第八章 假设检验

本章基于中国 A 股上市公司的汇总数据与企业年度报告的文本分析整合数据,检验第五章提出的研究假设,具体包括三类假设检验:直接作用假设、中介作用假设和调节作用假设。通过模型检验,得出相应的实证研究结论。

第一节 双元驱动力对企业绩效的直接作用检验

本研究的假设 H1 是双元驱动力对于企业绩效的关系假设,本文以国有企业的持股比例表征政府驱动力的大小,当政府持股比例高时,政府对企业的驱动力就大,企业的市场驱动力就被相应地弱化了。假设认为政府驱动力与企业绩效之间呈负向相关关系,如图 8-1 所示。具体包含两个子假设:H1a:双元驱动力与企业利润负相关。H1b:双元驱动力与企业的成长潜力负相关。本节内容将分两个部分分别予以检验。

图 8-1 双元驱动力对企业绩效的直接作用

一、双元驱动力对企业利润的直接作用检验

本研究的 H1a 假定双元驱动力与企业利润之间具有负相关关系,如图 8-2 所示。

图 8-2 双元驱动力对企业短期利润的直接作用

本文根据国泰安数据库的统计数据以及文本分析后合并的面板数据进行了回归分析。为了防止面板数据的内生性问题和序列相关问题,本文的回归分析均采用了系统

GMM 回归分析模型。表 8-1 所示的回归分析结果包括两个模型。其中,模型 1 是只加入了控制变量对因变量企业营业利润的回归分析,模型 2 是在模型 1 的基础上加入了解释变量——双元驱动力之后的回归模型。

表 8-1　双元驱动力对企业利润的直接作用检验

项　目	模型 1	模型 2
Ln 规模	0.752*** (0.057)	0.916*** (0.025)
年龄	0.000 (.)	0.000 (.)
高管持股比例	0.013 (0.013)	0.074*** (0.009)
研发支出比例	−0.225*** (0.060)	0.260*** (0.013)
双元驱动力		0.052*** (0.007)
AR(1)	0.000	0.264
AR(2)	0.889	0.379
Sargan	0.325	0.584
Hansen	0.210	0.599
样本数/个	13 730	13 730

注:使用 STATA15 得到该估计结果。*** 代表 $P<0.001$,** 代表 $P<0.01$,* 代表 $P<0.05$。括号内为 Z 统计量,AR(1)和 AR(2)分别表示 Arellano-Bond test for AR(1)和 Arellano-Bond test for AR(2)。Sargan 和 Hansen 分别表示 Sargan 过度识别检验和 Hansen 过度识别检验。回归方法采用的是系统 GMM 模型。行业类别以虚拟类别变量的形式参与了回归,限于篇幅,未汇报具体参数。

从表 8-1 可以看出,模型 1 的 Arellano-Bond 一阶序列相关检验较为显著,说明变量间存在较为显著的一阶序列相关性,而模型 1 和模型 2 的 Arellano-Bond 二阶序列相关检验均接受了原假设,说明纳入模型的变量间均不存在显著的二阶序列相关性。Sargen 和 Hansen 过度识别检验的结果也都说明模型 1 和模型 2 的工具变量的设定是合理的。因此,可以看出模型的设定和工具变量的设定都是合理的。从检验结果来看,双元驱动力对企业营业利润的影响系数为正,P 值在 0.001 的水平上显著,表明双元驱动力可以显著正向地影响企业利润,因此,验证结果与假设 H1a 相反,H1a 未得证。

二、双元驱动力对企业成长潜力的直接作用检验

本研究的假设 H1b 是有关双元驱动力与企业成长潜力的关系假设,本文以国有企业的持股比例表征政府驱动力的大小,当政府持股比例高时,政府对企业的驱动力就大;相应地,企业的市场驱动力就会减弱。本研究以企业的托宾 Q 值表征企业成长潜力。假设 H1b 认为双元驱动力对企业成长潜力具有负向作用,具体如图 8-3 所示。

图 8-3　双元驱动力对企业成长潜力的直接作用

根据国泰安数据库中上市公司 2003—2019 年的统计数据进行回归分析,为了防止面板数据的内生性问题和序列相关问题,本文采用了系统 GMM 动态回归分析模型对数据进行回归分析。表 8-2 包括两个模型的回归分析结果。其中,模型 1 是只加入了控制变量对因变量企业成长潜力的回归分析,模型 2 是在模型 1 的基础上加入了解释变量——双元驱动力之后的回归模型。

表 8-2　双元驱动力对企业成长潜力的直接作用检验

项　　目	模型 1	模型 2
L.成长潜力	0.014 (0.013)	0.005 (0.015)
Ln 规模	−1.160*** (0.064)	−0.943*** (0.137)
年龄	0.216 (0.159)	0.475 (0.333)
高管持股比例	−0.025 (0.014)	0.014 (0.036)
研发支出比例	0.329*** (0.054)	0.023 (0.470)
双元驱动力		−0.116** (0.043)
常数	18.404*** (1.081)	16.981*** (2.905)
AR(1)	0.001	0.202
AR(2)	0.003	0.249

续 表

项　目	模型 1	模型 2
Sargan	0.000	0.665
Hansen	0.000	0.733
样本数/个	3 407	3 407

注：使用 STATA15 得到该估计结果。*** 代表 $P<0.001$，** 代表 $P<0.01$，* 代表 $P<0.05$。括号内为 Z 统计量，AR(1)和 AR(2)分别表示 Arellano-Bond test for AR(1)和 Arellano-Bond test for AR(2)。Sargan 和 Hansen 分别表示 Sargan 过度识别检验和 Hansen 过度识别检验。回归方法采用的是系统 GMM 动态回归模型，模型选项为 Robust。行业类别以虚拟类别变量的形式参与了回归，限于篇幅，未汇报具体参数。

从表 8-2 可以看出，模型 1 的 Arellano-Bond 一阶和二阶序列相关检验都较为显著，说明变量间存在较为显著的序列相关性，模型 2 的 Arellano-Bond 一阶和二阶序列相关检验均接受了原假设，说明纳入模型的变量间均不存在显著的一阶和二阶序列相关性。Sargen 和 Hansen 过度识别检验的结果也都说明模型 2 的工具变量的选取是合理的，而模型 1 的工具变量选定是不合理的。从模型 2 的检验结果来看，双元驱动力对企业成长潜力的回归系数为 -0.116，P 值在 0.01 的水平上显著，表明双元驱动力对企业的成长潜力具有负向作用，因此，假设 H1b 得证。

本研究的假设 H1 认为双元驱动力与企业绩效之间呈负向相关关系，假设 H1a 认为双元驱动力与企业的短期理论具有负相关关系，假设 H1b 认为双元驱动力与企业的长期成长潜力具有负相关关系。综合以上分析，H1a 未得证，H1b 得证，因此，假设 H1 部分得证。

第二节　双元驱动力对企业知识策略的直接作用检验

本研究的假设 H2 探讨了双元驱动力与企业知识策略之间的关系，共包括三个分假设：假设 H2a 认为双元驱动力与企业的探索策略负相关，即政府驱动力占比越大，市场驱动力占比越小，企业采取探索策略的行动就越少；假设 H2b 认为双元驱动力与企业的利用策略正相关，即政府驱动力占比越大，市场驱动力占比越小，企业会采取更多的利用策略来提升资源的利用效率；假设 H2c 认为双元驱动力与企业的双元策略之间呈 U 形曲线关系，即随着政府驱动力占比的逐渐变大，企业的探索倾向（探索策略占两种知识策略总和的比例）会呈现先下降后升高的曲线变化，具体如图 8-4 所示。接下来，本研究将就这三种双元驱动力对知识策略的直接作用依次进行检验。

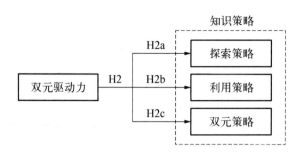

图 8-4　双元驱动力对知识策略的直接作用

一、双元驱动力对探索策略的负向作用检验

对汇总合并后的统计数据进行两步 GMM 回归分析检验,结果如表 8-3 所示。此处模型 1 和模型 2 回归的因变量均为企业的探索策略,两个模型的差异是模型 1 中只是加入了控制变量——企业规模的对数值、企业年龄、高管持股比例、研发支出比例、行业类别以及探索策略的滞后两阶数据对企业探索策略的回归模型,模型 2 则是在模型 1 的基础上加入了解释变量——双元驱动力后的总体回归模型。此处要验证的假设是图 8-4 中的 H2a。

表 8-3　双元驱动力对探索作用的负向作用检验

项　目	模型 1	模型 2√
L1.探索策略	0.382*** (0.031)	0.240*** (0.024)
L2.探索策略	0.119*** (0.016)	0.068*** (0.008)
Ln 规模	0.128*** (0.017)	0.155*** (0.012)
年龄	0.000 (.)	0.000 (.)
高管持股比例	−0.003 (0.005)	0.002 (0.005)
研发支出比例	0.043*** (0.012)	0.064*** (0.009)
双元驱动力		−0.035*** (0.007)
AR(1)	0.010	0.003

续 表

项　　目	模型 1	模型 2√
AR(2)	0.230	0.574
Sargan	0.120	0.132
Hansen	0.110	0.588
样本数/个	11 320	11 320

注：使用 STATA15 得到该估计结果。*** 代表 $P<0.001$，** 代表 $P<0.01$，* 代表 $P<0.05$。括号内为 Z 统计量，AR(1)和 AR(2)分别表示 Arellano-Bond test for AR(1)和 Arellano-Bond test for AR(2)。Sargan 和 Hansen 分别表示 Sargan 过度识别检验和 Hansen 过度识别检验。L1.和 L2.探索策略分别表示探索策略的滞后一期和滞后两期。回归方法采用的是两步系统 GMM 模型。行业类别以虚拟类别变量的形式参与了回归，限于篇幅，未汇报具体参数。

由表 8-3 中有关模型的检验数据可知，模型 1 和模型 2 的 Arellano-Bond 二阶序列相关检验均接受了原假设，说明纳入模型的变量间均不存在显著的二阶序列相关性，且 Sargen 和 Hansen 检验系数均说明工具变量的选取是合理的。

由表 8-3 中模型 1 和模型 2 对于企业规模的回归系数可知，企业规模的扩大都会在 0.001 的显著水平上对企业的探索策略产生正向的影响，而企业年龄与企业的探索策略的相关系数为零，高管持股比例对企业探索策略的影响并不显著。研发支持比例则会在 0.001 的水平上显著正向影响企业的探索策略。解释变量——双元驱动力的加入则明显增加了模型的 Sargen 和 Hansen 检验系数，且其回归系数在 0.001 的水平上显著为负，因此，双元驱动力与企业的探索策略负相关可以得到验证。综上所述，假设 H2a 得证。

二、双元驱动力对利用策略的正向作用检验

基于国泰安数据库中的上市公司数据和作者文本分析的合并数据，对双元驱动力与企业利用策略的关系进行回归分析。具体分析结果如表 8-4 所示，模型 1 和模型 2 的因变量均为企业的利用策略，模型 1 中只包含了控制变量和利用策略的滞后一阶和两阶项，模型 2 则是在模型 1 的基础上加入了解释变量——双元驱动力后的总体回归模型。此处要验证的假设是图 8-4 中的 H2b。

从表 8-4 中有关模型的检验数据可以看出，模型 1 和模型 2 的 Arellano-Bond 一阶和二阶序列相关检验均接受了原假设，说明纳入模型的变量间均不存在显著的二阶序列相关。Sargen 和 Hansen 检验系数均说明工具变量的选取是合理的，且模型 2 中的检验系数均有所增加，说明双元驱动力这一解释变量的加入增大了模型的拟合优度。

表 8-4　双元驱动力对利用策略的正向作用检验

项　　目	模型 1	模型 2√
L1.利用策略	−0.019 (0.015)	0.024 (0.024)
L2.利用策略	−0.001 (0.008)	−0.050** (0.019)
Ln 规模	0.154*** (0.009)	0.064*** (0.008)
年龄	0.000 (.)	0.000 (.)
高管持股比例	−0.003 (0.003)	0.003 (0.003)
研发支出比例	0.005 (0.007)	0.034*** (0.006)
双元驱动力		0.030*** (0.006)
AR(1)	0.017	0.017
AR(2)	0.123	0.804
Sargan	0.012	0.079
Hansen	0.025	0.482
样本数/个	11 320	11 320

注：使用 STATA15 得到该估计结果。*** 代表 $P<0.001$，** 代表 $P<0.01$，* 代表 $P<0.05$。括号内为 Z 统计量，AR(1)和 AR(2)分别表示 Arellano-Bond test for AR(1)和 Arellano-Bond test for AR(2)。Sargan 和 Hansen 分别表示 Sargan 过度识别检验和 Hansen 过度识别检验。L1.和 L2.利用策略分别表示利用策略的滞后一期和滞后两期。回归方法采用的是两步系统 GMM 模型。行业类别以虚拟类别变量的形式参与了回归，限于篇幅，未汇报具体参数。

模型的具体回归系数如表 8-4 所示，与探索策略的回归模型类似，企业规模的扩大也会在 0.001 的显著水平上对企业的利用策略产生正向的影响，只是回归系数略低于规模对企业探索策略的影响。同样，企业的年龄对企业的利用策略没有直接的相关性，高管持股比例对企业利用策略的影响也不显著。研发支持比例则对企业的利用策略产生不太显著的正向影响。解释变量——双元驱动力对企业利用策略的回归系数为 0.030，且在 0.001 的水平上较为显著，说明双元驱动力会对企业的利用策略产生较为显著的正向作用。因此，假设 H2b 得证。

三、双元驱动力对双元策略的 U 形曲线作用检验

利用本研究的汇总数据,对双元驱动力与企业双元知识策略的关系进行回归分析。此处要验证的假设是图 8-4 中的 H2c。对于曲线关系的验证,需要在线性模型和二次模型之间进行比较并选择最为适合的模型,本研究构建的模型如下:

线性模型:

$$Plor\_Ratio_{it} = \mu Plor\_Ratio_{it-1} + \lambda Plor\_Ratio_{it-2} + \alpha_1 So\_Ratio_{it} + z'_{it}\beta + \xi_{it} \quad (1)$$

二次模型:

$$Plor\_Ratio_{it} = \mu Plor\_Ratio_{it-1} + \lambda Plor\_Ratio_{it-2} + \alpha_1 So\_Ratio_{it} + \\ + \alpha_2 So\_Ratio_{it}^2 + z'_{it}\beta + \xi_{it} \quad (2)$$

假如在模型验证时,式(2)成立,则不应采用式(1),进而作为本部分变量间最终的实证模型。

具体分析结果如表 8-5 所示,模型 1、模型 2 和模型 3 的回归因变量均为企业的双元策略,模型 1 中只包含了控制变量和双元策略的滞后一阶和滞后两阶,模型 2 是在模型 1 的基础上加入了解释变量——双元驱动力后的回归模型,模型 3 则是在模型 2 的基础上,进一步加入了解释变量双元驱动力的平方项。

表 8-5 双元驱动力与探索倾向的 U 形曲线关系检验

项　　目	模型 1	模型 2	模型 3√
L1.探索倾向	0.382 *** (0.035)	0.227 *** (0.027)	0.239 *** (0.029)
L2.探索倾向	0.141 *** (0.020)	0.064 ** (0.024)	0.070 ** (0.023)
Ln 规模	0.010 ** (0.003)	0.024 *** (0.004)	0.023 *** (0.004)
年龄	0.000 (.)	0.000 (.)	0.000 (.)
高管持股比例	0.001 (0.001)	0.002 (0.001)	0.002 * (0.001)
研发支出比例	0.010 *** (0.003)	0.012 *** (0.003)	0.012 *** (0.002)

续 表

项　目	模型 1	模型 2	模型 3√
双元驱动力		−0.017*** (0.002)	−0.012+ (0.007)
双元驱动力的平方项			0.004*** (0.001)
AR(1)	0.000	0.000	0.000
AR(2)	0.214	0.435	0.503
Sargan	0.109	0.113	0.111
Hansen	0.213	0.611	0.682
样本数/个	11 320	11 320	11 320

注：使用 STATA15 得到该估计结果。*** 代表 $P<0.001$，** 代表 $P<0.01$，* 代表 $P<0.05$，+ 代表 $P<0.1$。括号内为 Z 统计量，AR(1)和 AR(2)分别表示 Arellano-Bond test for AR(1)和 Arellano-Bond test for AR(2)。Sargan 和 Hansen 分别表示 Sargan 过度识别检验和 Hansen 过度识别检验，L1.和 L2.探索倾向分别表示探索倾向的滞后一期和滞后两期。回归方法采用的是两步系统 GMM 模型。行业类别以虚拟类别变量的形式参与了回归，限于篇幅，未汇报具体参数。

从表 8-5 中三个模型的检验数据可以看出，三个模型的 Arellano-Bond 一阶和二阶序列相关检验均接受了原假设，说明纳入模型的变量间均不存在显著的二阶序列相关，但模型 3 的序列相关检验结果更优。同样，Sargen 和 Hansen 检验系数也均说明工具变量的选取是合理的，但模型 3 的 Hansen 的检验系数更高，由此可以说明二次模型中由于同时纳入了双元驱动力和双元驱动力平方项，使得模型的工具变量设定更为合理。从模型 3 的自变量系数可以看出，双元驱动力的一次项对探索倾向的回归系数是−0.012，且在 0.1 的水平上呈现一定的显著性，双元驱动力的二次项对探索倾向的回归系数是 0.004，且在 0.001 的水平上显著被接受。该结果也可以进一步通过双元驱动力和企业探索倾向的散点图进行验证，从图 8-5 中可以看出，两者之间关系的拟合线呈较为平坦的 U 形，一开始，随着政府驱动力的增加，企业的探索倾向呈现下降的趋势，政府驱动力的比例在 0.6 以上时，探索倾向呈缓慢递增的态势，但总体而言，政府驱动力使得企业的探索倾向比例仍处在 0.4 以下的水平，并没有呈现出更高水平的增长，这也与前面理论模型中有关政府的目标导向理论的解释相一致。由此，可以看出，双元驱动力与探索倾向之间的 U 形曲线关系得到验证，综上所述，H2c 假设得到验证。

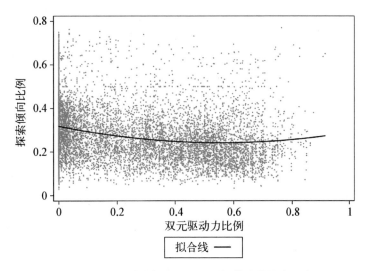

图 8-5 双元驱动力与企业双元知识策略的散点拟合图

第三节 企业知识策略的自我强化特征检验

本研究的假设 H3 认为，企业的知识策略具有自我强化的特征。具体是指，企业的内部运作具有一定的惯性和路径依赖。假设 H3 共包含三个子假设：假设 H3a 认为企业的探索策略具有自我强化的特征，并且自我强化作用逐年递减；假设 H3b 认为企业的利用策略也具有自我强化的特征，并且自我强化作用逐年递减；假设 H3c 认为企业的双元策略具有自我强化的特征，且自我强化作用逐年递减。逻辑框架图如 8-6 所示。

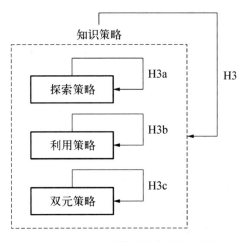

图 8-6 企业知识策略的自我强化特征

本部分的数据验证融入到前一部分双元驱动力对企业知识策略直接作用的检验中,具体模型回归参数请见表 8-3、表 8-4 和表 8-5 中的前两项的回归系数。三个表格中的前两项均为对应回归因变量的滞后一期和滞后两期对因变量本身的影响系数,现将三个表格中所选定(打√的)的模型回归系数汇总如表 8-6 所示。从汇总后的数据可知,探索策略和探索倾向的滞后一期和滞后两期项对自身的回归均显著为正,且滞后一期的回归系数均明显大于滞后两期的回归系数,如探索策略的滞后一期自我强化效应 0.240 明显大于滞后两期的自我强化效应 0.068;双元策略(探索倾向)的滞后一期自我强化效应 0.239 明显大于滞后两期的自我强化效应 0.070。研究数据验证了探索策略和探索倾向两种知识策略的自我强化效应,且这种强化效应逐年递减。但假设 H3b 并未得到验证,具体系数如表 8-6 所示,利用策略的滞后一期项对自身的影响系数为正(0.024),但并不显著,两期滞后项的自我回归系数则显著为负。这也通过实证模型验证了利用策略的"短期效应"和"成功陷阱"。综上所述,假设 H3a 和 H3c 得到验证,H3b 未得到验证。综合而言,假设 H3 得到了部分验证。

表 8-6 企业知识策略的自我强化特征检验系数汇总表

项 目	探索策略	利用策略	探索倾向
滞后一期	0.240*** (0.024)	0.024 (0.024)	0.239*** (0.029)
滞后两期	0.068*** (0.008)	−0.050** (0.019)	0.070** (0.023)

注:使用 STATA15 得到该估计结果。*** 代表 $P<0.001$,** 代表 $P<0.01$,* 代表 $P<0.05$。括号内为 Z 统计量。回归方法采用的是两步系统 GMM 模型。作者通过检验其他模型发现,各因变量的滞后三期回归系数均不显著。本表数据基于表 8-3、表 8-4 和表 8-5 中选定模型的前两项回归系数。

第四节 知识策略对企业利润的直接作用检验

本研究的假设 H4 探索的是企业的知识策略对企业利润的直接作用。本研究认为:企业的探索策略短期而言对企业利润具有负向作用,长期则具有正向促进作用(H4a);利用策略无论是短期还是长期对企业利润均具有正向促进作用(H4b);双元知识策略对企业利润具有倒 U 形曲线作用(H4c),即随着企业探索倾向的增加,一开始企业利润呈增加趋势,但探索策略超过平衡点之后,企业利润反而会下降,具体如图 8-7 所示。接下来将对这三个子假设分别进行回归分析。

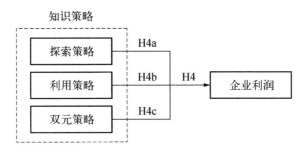

图 8-7　知识策略对企业利润的直接作用

一、探索策略对企业利润的直接作用检验

基于本文汇总的上市公司数据,对探索策略与企业利润之间的直接作用进行回归验证。由于是面板数据,兼具截面数据和时间序列数据的特征,本研究采取了两步系统 GMM 回归方法,回归结果如表 8-7 所示。该回归的因变量是企业利润(营业利润);自变量包括两类,即控制变量和解释变量。解释变量又包含了探索策略的当期值和滞后一期与滞后两期数据。模型 1 是只加入了控制变量对企业利润的回归模型,模型 2 则是在模型 1 的基础上加入了探索策略的回归模型。

表 8-7　探索策略对企业利润的直接作用检验

项　　目	模型 1	模型 2
Ln 规模	0.740*** (0.012)	0.828*** (0.017)
年龄	0.000 (.)	0.000 (.)
高管持股比例	−0.011* (0.005)	−0.009 (0.010)
研发支出比例	−0.187*** (0.009)	−0.188*** (0.023)
探索策略		−0.394*** (0.025)
L1.探索策略		0.055*** (0.016)
L2.探索策略		0.064*** (0.015)
AR(1)	0.000	0.000
AR(2)	0.975	0.796

续 表

项　　目	模型 1	模型 2
Sargan	0.102	0.132
Hansen	0.564	0.484
样本数/个	9 373	9 373

注：使用 STATA15 得到该估计结果。*** 代表 $P<0.001$，** 代表 $P<0.01$，* 代表 $P<0.05$。括号内为 Z 统计量，AR(1)和 AR(2)分别表示 Arellano-Bond test for AR(1)和 Arellano-Bond test for AR(2)。Sargan 和 Hansen 分别表示 Sargan 过度识别检验和 Hansen 过度识别检验，L1.和 L2.探索策略分别表示探索策略的滞后一期和滞后两期。回归方法采用的是两步系统 GMM 模型。行业类别以虚拟类别变量的形式参与了回归，限于篇幅，未汇报具体参数。

如表 8-7 所示，模型 1 和模型 2 均通过了二阶序列相关检验和工具变量的相关性检验。从模型 1 和模型 2 的检验结果来看，当前中国上市公司的规模效应对企业利润的影响均显著为正，企业的成立年限与企业利润之间没有相关性，高管持股比例对企业利润的影响并不显著，而企业的研发支出由于财务处理方法的缘故，与企业的利润呈现出较为明显的负相关关系。同时，解释变量探索策略的当期值对企业利润的回归系数在 0.001 的水平上显著为负，而滞后一期和滞后两期项的回归系数则在 0.001 的水平上显著为正，且滞后两期项的系数 0.064 略大于探索策略的滞后一期项的回归系数 0.055。说明开展探索型知识策略对企业的当期利润是不利的，但对于企业的长期发展来说则是有好处的，且探索策略带来的促进作用可以持续到第三年，且第三年的促进作用大于第二年。由此可以看出，假设 H4a 得证。

二、利用策略对企业利润的直接作用检验

基于本研究统计的上市公司数据，对利用策略与企业利润之间的直接作用进行回归检验。同样基于面板数据的特征，回归检验采取了两步系统 GMM 回归，回归结果如表 8-8 所示。该回归的因变量是企业利润（营业利润），自变量包括了控制变量和企业的探索策略当期值、滞后一期项和滞后两期项。模型 1 的回归只加入了控制变量，模型 2 则是在模型 1 的基础上加入了探索策略的三项数值对企业利润进行回归。

表 8-8　利用策略对企业利润的直接作用检验

项　　目	模型 1	模型 2
Ln 规模	0.740*** (0.012)	0.626*** (0.032)
年龄	0.000 (.)	0.000 (.)

续 表

项　目	模型 1	模型 2
高管持股比例	−0.011* (0.005)	−0.001 (0.009)
研发支出比例	−0.187*** (0.009)	−0.209*** (0.024)
利用策略		0.282*** (0.037)
L1.利用策略		−0.022 (0.027)
L2.利用策略		−0.022 (0.023)
AR(1)	0.000	0.000
AR(2)	0.975	0.937
Sargan	0.102	0.095
Hansen	0.564	0.277
样本数/个	9 373	9 373

注：使用 STATA15 得到该估计结果。*** 代表 $P<0.001$，** 代表 $P<0.01$，* 代表 $P<0.05$。括号内为 Z 统计量，AR(1)和 AR(2)分别表示 Arellano-Bond test for AR(1)和 Arellano-Bond test for AR(2)。Sargan 和 Hansen 分别表示 Sargan 过度识别检验和 Hansen 过度识别检验，L1.和 L2.利用策略分别表示利用策略的滞后一期和滞后两期。回归方法采用的是两步系统 GMM 模型。行业类别以虚拟类别变量的形式参与了回归，限于篇幅，未汇报具体参数。

从表 8-8 的回归参数可知，模型 1 和模型 2 的二阶序列相关检验参数均接近于 1，说明变量间不存在二阶序列相关性，模型的 Sargen 和 Hansen 检验的结果也都说明模型不存在过度识别问题。控制变量的回归结论与前面的分析基本一致，此处不再赘述。从模型 2 中关注的解释变量——利用策略的当期值、滞后一期和滞后两期对企业利润的回归系数来看，探索策略的当期值对企业利润的回归系数在 0.001 的水平上显著为正，而滞后一期和滞后两期项对企业利润的回归系数则为不显著的负数。实证结果说明开展利用型知识策略对企业的当期利润是存在显著的正向影响的，当前的利用策略或行为对于企业的长期发展来不一定有利。由此可见，利用策略的短期假设得到了验证，而长期影响并没有获得验证。因此，假设 H4b 得到部分验证。

三、双元策略对企业利润的直接作用检验

通过理论模型的构建可知，企业的双元知识策略对企业利润的影响是非线性的。

要验证变量之间的曲线关系,需要对线性模型和二次模型进行检验,并通过模型检验结果的比较来选择最为适合的模型,本文构建的双元知识策略对企业利润的模型包括如下三个:

线性模型:
$$Profit_{it} = \alpha_1 Plor\_Ratio_{it} + z'_{it}\beta + \xi_{it} \tag{3}$$

单一二次模型:
$$Profit_{it} = \alpha_2 Plor\_Ratio_{it}^2 + z'_{it}\beta + \xi_{it} \tag{4}$$

混合二次模型:
$$Profit_{it} = \alpha_1 Plor\_Ratio_{it} + \alpha_2 Plor\_Ratio_{it}^2 + z'_{it}\beta + \xi_{it} \tag{5}$$

利用本研究的统计数据,对以上三个模型分别进行回归检验。采用两步系统GMM回归方法,具体回归结果如表8-9所示。该回归的因变量是企业利润(营业利润),模型1中的回归数据中只包括控制变量,模型2、模型3和模型4则分别对应上面的式(3)、式(4)、式(5)。

表8-9 双元策略对企业利润的直接作用检验

项目	模型1	模型2	模型3	模型4
Ln 规模	0.740*** (0.012)	0.391*** (0.075)	0.766*** (0.056)	0.392*** (0.075)
年龄	0.000 (.)	0.044 (0.061)	0.000 (.)	0.043 (0.061)
高管持股比例	−0.011* (0.005)	0.013* (0.006)	0.012 (0.013)	0.013* (0.006)
研发支出比例	−0.187*** (0.009)	−0.029 (0.021)	−0.221*** (0.058)	−0.031 (0.021)
双元策略		0.649* (0.253)		1.648* (1.644)
双元策略的平方项			−1.094* (0.441)	−1.733** (2.103)
常数	−1.134*** (0.020)	−1.812*** (0.429)	−2.174*** (0.520)	−0.059 (1.608)
AR(1)	0.000	0.000	0.000	0.001

续 表

项　目	模型 1	模型 2	模型 3	模型 4
AR(2)	0.975	0.579	0.953	0.561
Sargan	0.102	0.368	0.186	0.367
Hansen	0.564	0.651	0.224	0.662
样本数/个	9 373	9 373	9 373	9 373

注：使用 STATA15 得到该估计结果。*** 代表 $P<0.001$，** 代表 $P<0.01$，* 代表 $P<0.05$。括号内为 Z 统计量，AR(1)和 AR(2)分别表示 Arellano-Bond test for AR(1)和 Arellano-Bond test for AR(2)。Sargan 和 Hansen 分别表示 Sargan 过度识别检验和 Hansen 过度识别检验。回归方法采用的是两步系统 GMM 模型。行业类别以虚拟类别变量的形式参与了回归，限于篇幅，未汇报具体参数。

从表 8-9 可以看出，四个模型的 Arellano-Bond 二阶序列相关检验均接受了原假设，说明纳入模型的变量间均不存在显著的二阶序列相关。同样，Sargen 和 Hansen 检验系数也均说明工具变量的选取是合理的，模型 4 的过度识别检验效果略优。由此可见，式(5)所对应的混合二次模型由于同时纳入了双元驱动力的一次项和平方项，使得模型的工具变量设定更为合理。从模型 4 的解释变量系数可以看出：双元知识策略的一次项对企业利润的回归系数是 1.648，且在 0.05 的水平上显著；双元的二次项对企业利润的回归系数是－1.733，且在 0.01 的水平上显著被接受。由此可见，双元知识策略对企业利润具有倒 U 形的曲线作用得到验证，综上所述，H4c 假设得到验证。

双元知识策略对企业利润具有倒 U 形的曲线作用也可以通过两者之间的散点图进一步得到验证，从图 8-8 中可以看出，两者之间关系的拟合线一开始呈较为平缓的正向关系，也即随着探索倾向的增加，企业利润出现缓慢的上升趋势，当探索倾向增加至

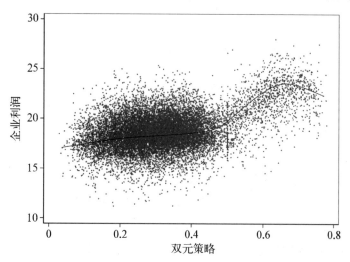

图 8-8　双元策略与企业利润的散点拟合图

(0.5,0.7)区间内时,探索倾向与企业利润之间的正向关系最为显著;但当探索倾向增加至 0.7 或者更高的水平之后,企业利润开始下降。从拟合的结果来看,中国上市公司的探索倾向大多集中在 0.2 到 0.4 之间,突破 0.5 的企业占比较小,且都是行业中的佼佼者,企业利润明显高于其他企业。而双元知识策略与企业利润之间关系的拐点(峰值区域)并没有落在 0.5 左右,而是处在 0.7 左右。

第五节 知识策略对企业成长潜力的直接作用检验

本研究的假设 H5 探讨了企业的知识策略对成长潜力的作用,H5 可以概括为知识策略对企业的成长潜力具有正向作用,且作用强度逐年递减。共包括三个分假设:假设 H5a 认为探索策略对企业的成长潜力具有正向作用,且作用强度逐年递减;假设 H5b 认为利用策略对企业的成长潜力同样具有正向作用,且作用强度也是逐年递减的;假设 H5c 认为双元策略对企业的成长潜力具有正向作用,且作用强度逐年递减。具体如图 8-9 所示。接下来,本研究将就知识策略对企业成长潜力的直接作用进行检验。

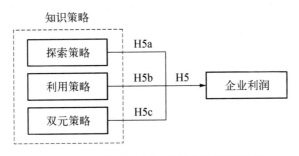

图 8-9 知识策略对企业成长潜力的直接作用

根据国泰安数据库中有关上市公司 2003—2019 年的统计数据和文本分析汇总数据来验证本部分假设。为了验证各类型知识策略的跨期影响效果,本部分的回归模型涉及年度动态数据,如解释变量中包含了被解释变量的滞后一期和滞后两期数据项,也包含了自变量的当期项、滞后一期项和滞后两期项。为了保持模型回归的稳健性并防止动态面板数据的内生性和序列相关问题,本研究采用了系统 GMM 动态回归分析模型对数据进行回归。表 8-10 包括了四个模型的回归分析结果。其中,模型 1 只加入了控制变量和因变量的滞后一期和滞后两期数据项;模型 2 则是在模型 1 的基础上加入了探索策略、探索策略的滞后一期和探索策略的滞后两期数据的回归模型;模型 3 在模型 1 的基础上加入了利用策略、利用策略的滞后一期和利用策略的滞后两期数据的回归模型；模型 4 则是在模型 1 的基础上加入了以探索倾向表征的双元策略、双元策略的滞后一期和双元策略的滞后两期数据的回归模型。

从表 8-10 的四个回归模型结果可以看出，四个模型的 Arellano-Bond 二阶序列相关检验都可以接受原假设，说明变量间不存在显著的二阶序列相关性。Sargen 和 Hansen 过度识别检验的结果也都说明四个模型工具变量的选取是合理的，因此，检验结果可以接受。

表 8-10 知识策略对企业成长潜力的直接作用检验

项目	模型 1	模型 2	模型 3	模型 4
L1.成长潜力	0.021** (0.007)	0.020** (0.007)	0.011 (0.006)	0.025*** (0.007)
L2.成长潜力	−0.041*** (0.008)	−0.034*** (0.008)	−0.036*** (0.007)	−0.036*** (0.006)
Ln 规模	−0.717*** (0.059)	−0.920*** (0.081)	−0.631*** (0.063)	−0.961*** (0.069)
年龄	0.000 (.)	0.000 (.)	0.000 (.)	0.000 (.)
高管持股比例	−0.001 (0.031)	−0.010 (0.032)	−0.010 (0.031)	−0.006 (0.031)
研发支出比例	−0.006 (0.073)	−0.091 (0.077)	−0.002 (0.073)	−0.073 (0.079)
探索策略		0.717*** (0.137)		
L1.探索策略		0.367*** (0.109)		
L2.探索策略		0.121 (0.086)		
利用策略			0.324* (0.127)	
L1.利用策略			−0.304 (0.160)	
L2.利用策略			−0.094 (0.103)	
双元策略				5.401*** (0.601)

续 表

项　　目	模型 1	模型 2	模型 3	模型 4
L1.双元策略				3.037*** (0.601)
L2.双元策略				−1.252* (0.486)
AR(1)	0.000	0.000	0.000	0.000
AR(2)	0.105	0.168	0.072	0.213
Sargan	0.123	0.178	0.328	0.207
Hansen	0.413	0.209	0.213	0.120
样本数/个	1 644	1 644	1 644	1 644

注：使用 STATA15 得到该估计结果。*** 代表 $P<0.001$，** 代表 $P<0.01$，* 代表 $P<0.05$。括号内为 Z 统计量，AR(1)和 AR(2)分别表示 Arellano-Bond test for AR(1)和 Arellano-Bond test for AR(2)。Sargan 和 Hansen 分别表示 Sargan 过度识别检验和 Hansen 过度识别检验，L和 L2.分别表示各项的滞后一期和滞后两期。回归方法采用的是两步系统 GMM 模型。行业类别以虚拟类别变量的形式参与了回归，限于篇幅，未汇报具体参数。

四个模型中，成长潜力的滞后一期和滞后两期的回归系数都较为显著。可以看出，成长潜力的滞后一期项均(除了模型3)正向显著影响当前企业的成长潜力，可见，投资者对上市公司的潜力预期也是存在一定惯性的。而成长潜力的滞后两期项均显著负向地影响当期的成长潜力，这也说明当前中国上市公司的成长持续性不足，同时，也验证了企业"成功陷阱"的存在，即当前促成企业成功的因素，第二年仍然会正向地促进企业的价值成长，而第三年之后，则会成为企业成长的羁绊。与前面以企业利润为因变量的分析中，可以看出当前中国上市公司的营业利润存在较为显著的"规模效应"，也即企业的规模显著正向地影响了企业的利润。而此处，在以托宾 Q 值为表征的企业成长潜力为因变量的分析时，可以看出，企业规模则显著负向地影响企业的成长潜力。在以科技快速进步为特征的今天，高价值、高成长的科技型企业都偏向于轻资产、重技术、重人才，此时，企业的资产(规模)不但不能带来企业更快的成长，反而成为企业成长的不利因素。此外，企业成立年限、高管持股比例和研发支出比例等控制变量对企业的成长潜力影响并不显著。

接下来，探讨本部分关注的知识策略对企业成长潜力的直接作用检验结果。从模型 2 的检验结果来看，探索策略对企业成长潜力的回归系数为 0.717，且在 0.001 的水平上显著，探索策略的滞后一期对企业成长潜力的回归系数仍然显著为正，系数略有下降，为 0.367，表明当前的探索策略活动会显著提升企业的成长潜力，其作用在第二年仍会保持，强度差不多会下降一半左右。探索策略的滞后两期对企业成长潜力的回归系数仍为正,系数大小仍然比上年下降了一半以上,只是结果并不十分显著。关于探索策略回归系数的探讨可知,假设 H5a 得到了验证。

模型 3 主要检验利用策略对企业成长潜力的直接作用。从回归结果可以看出,利用策略的当期值对企业成长潜力的回归系数为 0.324,显著性水平为 0.05,而利用策略的滞后一期和滞后两期对企业成长潜力的影响均产生不显著的负向作用。可见,假设 H5b 前半部分的正向作用得到验证,而逐渐减弱的年度效用并未得证,因此,假设 H5b 得到了部分验证。

模型 4 中有关双元知识策略对企业成长潜力的回归分析可以看出,双元知识策略以及其滞后一期均显著正向地影响企业的成长潜力,且其作用强度从当期的 5.401 下降为滞后一期的 3.037,而双元知识策略的滞后两期则较为意外地呈现出较为显著的负相关。如果以两年为期,假设 H5c 得到了验证,如果延长至三年,则只能说假设 H5c 得到了部分验证。综合以上关于知识策略对企业成长潜力的直接作用检验结果,假设 H5 得到了部分验证。

第六节　知识策略在双元驱动力与企业利润之间的中介作用检验

本研究的假设 H6 探讨的是知识策略在双元驱动力与企业利润之间的中介作用。中介作用的假设包括两个:一个是单一知识策略在双元驱动力和企业利润之间的部分中介作用(H6a),即探索策略和利用策略都在双元驱动力和企业利润之间起到部分中介作用;另一个则是双元知识策略在双元驱动力与企业利润之间起到完全中介作用(H6b),具体如图 8-10 所示。

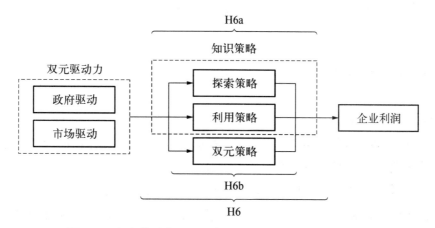

图 8-10　知识策略在双元驱动力与企业利润之间的中介作用

现有研究中,有关中介变量的检验方法较多,为了减少中介变量检验的第一类和第二类错误的概率,本研究借鉴了温忠麟等(2004)提出的一种较为实用的检验程序,依据温忠麟等(2004)的方法,要检验"双元驱动力→知识策略→企业利润"的中介影响路径,需要进行以下三个回归(以探索策略为例):

$$Profit_{it} = a_1 So\_Ratio_{it} + z'_{it}\beta + \xi_{it} \tag{6}$$

$$Plor_{it} = \mu Plor_{it-1} + \lambda Plor_{it-2} + b_1 So\_Ratio_{it} + z'_{it}\beta + \xi_{it} \tag{7}$$

$$Profit_{it} = c_1 So\_Ratio_{it} + c_2 Plor_{it} + z'_{it}\beta + \xi_{it} \tag{8}$$

式(6)是自变量双元驱动力对因变量企业利润的直接作用回归模型,式(7)是自变量双元驱动力对中介变量探索策略的直接作用回归模型,式(8)是把自变量和中介变量放在一起,共同对因变量企业利润进行回归的模型。通过对上述三个回归模型的参数检验和回归系数标准误的估计值来判断中介效应的显著性以及中介效应的类型。

依据温忠麟等(2004)提出的中介效应的检验程序,在进行中介效应检验时,需要开展以下四个步骤:

(1) 第一步,检验系数 a_1,只有当 a_1 显著时,即自变量对因变量存在直接作用时才需要开展第二步,否则,中介作用就是不显著的。

(2) 第二步,检验系数 b_1 和 c_2,假如两者都显著,则说明双元驱动力对企业利润的影响至少有一部分是通过探索策略来实现的,则继续开展第三步,进一步判断是部分中介还是完全中介。假如系数 b_1 和 c_2 至少有一个不显著,则直接转到第四步。

(3) 第三步,检验系数 c_1,假如 c_1 不显著,则说明探索策略起到完全中介作用,即双元驱动力对企业利润的影响是全部通过探索型知识策略来实现的;假如 c_1 显著,则说明是探索策略起到部分中介作用,即双元驱动力对企业利润的影响有一部分是通过探索型知识策略来实现的。

(4) 第四步,做 Sobel 检验,假如结果显著,则意味着中介效应显著,否则中介效应就不显著。

Sobel 检验的统计量是 $Z = \dfrac{\hat{b_1}\hat{c_2}}{\sqrt{\hat{b_1}^2 S_{c_2}^2 + \hat{c_2}^2 S_{b_1}^2}}$,其中,$\hat{b_1}$、$\hat{c_2}$ 分别是 b_1 和 c_2 的估计值,S_{b_1} 和 S_{c_2} 则分别是 b_1 和 c_2 估计值的标准误。

综上所述,每一种知识策略中介作用的检验都需要进行三次回归。本研究将依次检验探索策略、利用策略和双元策略的中介作用。

1. 探索策略在双元驱动力和企业利润之间的中介作用检验

依照上述中介效应的检验步骤,检验探索策略在双元驱动力对企业利润的中介作用,需要进行的三次回归的模型依次是:模型1,以双元驱动力为自变量,以企业利润为因变量进行回归;模型 2,双元驱动力作为自变量,以探索策略作为因变量进行回归;模型 3,以企业利润作为因变量,以双元驱动力和探索策略一起作为自变量进行回归。三个回归模型中均包含控制变量。通过三个回归模型的估计来检验探索策略在双元驱动力对企业利润之间影响机制中的中介效应。具体回归结果见表 8-11。

表 8-11 探索策略在双元驱动力和企业利润之间的中介作用检验

项　目	模型 1	模型 2	模型 3
因变量	企业利润	探索策略	企业利润
Ln 规模	0.916*** (0.025)	0.155*** (0.012)	0.946*** (0.022)
年龄	0.000 (.)	0.000 (.)	0.000 (.)
高管持股比例	0.074*** (0.009)	0.002 (0.005)	0.106*** (0.011)
研发支出比例	0.260*** (0.013)	0.064*** (0.009)	0.239*** (0.011)
探索策略			−0.210*** (0.045)
L1.探索策略		0.240*** (0.024)	0.120** (0.039)
L2.探索策略		0.068*** (0.008)	0.044 (0.061)
双元驱动力	0.052*** (0.007)	−0.035*** (0.007)	0.035** (0.010)
AR(1)	0.264	0.003	0.086
AR(2)	0.379	0.574	0.409
Sargan	0.584	0.132	0.603
Hansen	0.599	0.588	1.000
样本数/个	13 730	11 320	7 365

注:使用 STATA15 得到该估计结果。*** 代表 $P<0.001$,** 代表 $P<0.01$,* 代表 $P<0.05$。括号内为 Z 统计量,AR(1)和 AR(2)分别表示 Arellano-Bond test for AR(1)和 Arellano-Bond test for AR(2)。Sargan 和 Hansen 分别表示 Sargan 过度识别检验和 Hansen 过度识别检验。L1.和 L2.分别表示各策略的滞后一期和滞后两期。回归方法采用的是两步系统 GMM 模型。行业类别以虚拟类别变量的形式参与了回归,限于篇幅,未汇报具体参数。

2.利用策略在双元驱动力和企业利润之间的中介作用检验

同样依照中介效应的检验步骤,检验利用策略在双元驱动力和企业利润之间的中介作用,建立三个回归模型:

$$Profit_{it} = a_1 So\_Ratio_{it} + z'_{it}\beta + \xi_{it} \tag{9}$$

$$Ploit_{it} = \mu Ploit_{it}-1 + \lambda Ploit_{it-2} + b_1 So\_Ratio_{it} + z'_{it}\beta + \xi_{it} \tag{10}$$

$$Profit_{it} = c_1 So\_Ratio_{it} + c_2 Ploit_{it} + z'_{it}\beta + \xi_{it} \tag{11}$$

式(9)是以双元驱动力为自变量、企业利润为因变量进行回归的模型;式(10)是以双元驱动力为自变量、利用策略为因变量进行回归的模型;式(11)是以企业利润作为因变量,双元驱动力和利用策略一起作为自变量进行回归的模型。三个回归模型中均包含控制变量。通过对三个回归模型的估计来检验利用策略在双元驱动力对企业利润之间影响机制的中介效应。具体回归结果见表8-12。

表8-12 利用策略在双元驱动力和企业利润之间的中介作用检验

项目	模型1	模型2	模型3
因变量	企业利润	利用策略	企业利润
Ln规模	0.916*** (0.025)	0.064*** (0.008)	0.840*** (0.013)
年龄	0.000 (.)	0.000 (.)	0.000 (.)
高管持股比例	0.074*** (0.009)	0.003 (0.003)	0.072*** (0.009)
研发支出比例	0.260*** (0.013)	0.034*** (0.006)	0.200*** (0.018)
双元驱动力	0.052*** (0.007)	0.030*** (0.006)	0.047*** (0.009)
利用策略			0.400** (0.089)
L1.利用策略		0.024 (0.024)	−0.290 (0.067)
L2.利用策略		−0.050** (0.019)	−0.085 (0.081)

续 表

项　　目	模型1	模型2	模型3
因变量	企业利润	利用策略	企业利润
AR(1)	0.264	0.017	0.075
AR(2)	0.379	0.804	0.440
Sargan	0.584	0.079	0.621
Hansen	0.599	0.482	1.000
样本数/个	13 730	11 320	7 365

注：使用STATA15得到该估计结果。*** 代表 $P<0.001$，** 代表 $P<0.01$，* 代表 $P<0.05$。括号内为 Z 统计量，AR(1)和AR(2)分别表示 Arellano-Bond test for AR(1)和 Arellano-Bond test for AR(2)。Sargan 和 Hansen 分别表示 Sargan 过度识别检验和 Hansen 过度识别检验，L1.和L2.分别表示各策略的滞后一期和滞后两期。回归方法采用的是两步系统 GMM 模型。行业类别以虚拟类别变量的形式参与了回归，限于篇幅，未汇报具体参数。

3. 双元知识策略对双元驱动力和企业利润关系的中介作用检验

依照上述中介效应的检验步骤，进一步来检验双元策略在双元驱动力和企业利润之间的中介作用，建立如下三个回归模型：

$$Profit_{it} = a_1 So\_Ratio_{it} + z'_{it}\beta + \xi_{it} \tag{12}$$

$$Plor\_Ratio_{it} = \mu Plor\_Ratio_{it-1} + \lambda Plor\_Ratio_{it-2} + b_1 So\_Ratio_{it} + z'_{it}\beta + \xi_{it} \tag{13}$$

$$Profit_{it} = c_1 So\_Ratio_{it} + c_2 Plor\_Ratio_{it} + z'_{it}\beta + \xi_{it} \tag{14}$$

式(12)是以双元驱动力为自变量、企业利润为因变量进行回归的模型；式(13)是以双元驱动力为自变量，以探索倾向表征的双元知识策略为因变量进行回归的模型；式(14)是以企业利润作为因变量，以双元驱动力和双元知识策略一起作为自变量进行回归的模型。三个回归模型中均包含控制变量。通过对三个回归模型的估计来检验双元知识策略在双元驱动力对企业利润之间影响机制的中介效应。具体回归结果见表8-13。

表 8-13　双元知识策略的中介作用检验

项　　目	模型1	模型2	模型3
因变量	企业利润	双元策略(探索倾向)	企业利润
Ln 规模	0.916*** (0.025)	0.024*** (0.004)	0.928*** (0.134)

续 表

项　　目	模型 1	模型 2	模型 3
因变量	企业利润	双元策略(探索倾向)	企业利润
年龄	0.000 (.)	0.000 (.)	−0.120 (0.295)
高管持股比例	0.074*** (0.009)	0.002 (0.001)	0.019 (0.022)
研发支出比例	0.260*** (0.013)	0.012*** (0.003)	0.069 (0.058)
L1.探索倾向		0.227*** (0.027)	
L2.探索倾向		0.064** (0.024)	
双元策略(探索倾向)			1.692* (4.674)
双元策略(探索倾向)的平方项			−1.171** (5.665)
双元驱动力	0.052*** (0.007)	−0.017*** (0.002)	0.025 (0.046)
AR(1)	0.264	0.000	0.047
AR(2)	0.379	0.435	0.581
Sargan	0.584	0.113	0.656
Hansen	0.599	0.611	0.842
样本数/个	13 730	11 320	9 373

注：使用 STATA15 得到该估计结果。*** 代表 $P<0.001$，** 代表 $P<0.01$，* 代表 $P<0.05$。括号内为 Z 统计量，AR(1)和 AR(2)分别表示 Arellano-Bond test for AR(1)和 Arellano-Bond test for AR(2)。Sargan 和 Hansen 分别表示 Sargan 过度识别检验和 Hansen 过度识别检验。回归方法采用的是两步系统 GMM 模型。行业类别以虚拟类别变量的形式参与了回归，限于篇幅，未汇报具体参数。

4. 知识策略在双元驱动力和企业利润之间中介关系的总结

按照本节关于中介作用检验的步骤，对三种类型的知识策略的中介作用依次进行了检验，汇总结果如表 8-14 所示。第一步，检验 a_1 的显著性，关于知识策略的三个回归显示，a_1 均是显著的，因此步骤一通过，继续进行下一步检验。第二步需要检验 b_1

和 c_2 的显著性，回归结果汇总表明双元驱动力对三种类型的知识策略的影响系数 b_1 以及三种类型知识策略对企业利润的回归系数都是显著的，因此步骤二也是通过的。接下来进行第三步检验，即检验系数 c_1 是否显著以判断中介作用的类型是部分中介还是完全中介。第三步检验系数的汇总结果显示，探索和利用两种单一知识策略的模型系数 c_1 都是显著的，但系数大小较 a_1 都有明显的下降，说明单一知识策略在双元驱动力和企业利润之间起到部分中介作用；而在探索倾向表征的双元知识策略模型中，c_1 是不显著的，说明双元知识策略在双元驱动力对企业利润的影响中起到了完全中介的作用。

表 8-14　知识策略在双元驱动力对企业利润影响中的中介作用检验结果

步　骤	回归系数	探索策略	利用策略	双元策略
第一步	a_1	显著，0.001	显著，0.001	显著，0.001
第二步	b_1	显著，0.001	显著，0.001	显著，0.001
	c_2	显著，0.001	显著，0.01	显著，0.05
第三步	c_1	显著，0.01	显著，0.001	不显著
检验结论		部分中介	部分中介	完全中介

综上所述，假设 H6a 和 H6b 都得到了验证。因此，可以认定假设 H6 得到验证，即企业的知识策略在双元驱动力和企业利润之间起到中介作用。

第七节　知识策略在双元驱动力与成长潜力之间的中介作用检验

本研究的假设 H7 探讨的是知识策略在双元驱动力对企业成长潜力作用中的中介作用，此中介作用的假设包括两种类别：一类是单一知识策略在双元驱动力与企业成长潜力之间的部分中介作用（H7a），即探索策略和利用策略都在双元驱动力和企业成长潜力之间起到部分中介的作用；另一类则是双元知识策略在双元驱动力与企业成长潜力之间起到完全中介作用（H7b），具体如图 8-11 所示。接下来，将依次检验探索策略、利用策略和双元策略的中介作用。

1. 探索策略在双元驱动力和企业成长潜力之间的中介作用检验

依据温忠麟等（2004）提出的中介作用检验程序，要检验"双元驱动力→探索策略→

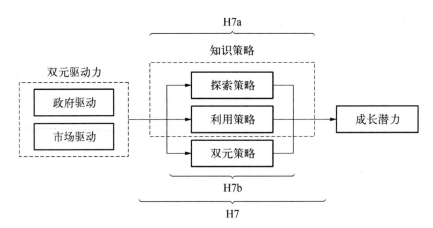

图 8-11　知识策略在双元驱动力与企业成长潜力之间的中介作用

成长潜力"的中介影响路径,需要建立以下三个回归模型:

$$TQA_{it} = \mu TQA_{it-1} + \lambda TQA_{it-2} + a_1 So\_Ratio_{it} + z'_{it}\beta + \xi_{it} \quad (15)$$

$$Plor_{it} = \partial Plor_{it-1} + \delta Plor_{it-2} + b_1 So\_Ratio_{it} + z'_{it}\beta + \xi_{it} \quad (16)$$

$$TQA_{it} = \mu' TQA_{it-1} + \lambda' TQA_{it-2} + c_1 So\_Ratio_{it} + c_2 Plor_{it} + z'_{it}\beta + \xi_{it} \quad (17)$$

式(15)是以双元驱动力为自变量,以托宾 Q 值表征的企业成长潜力为因变量进行回归的模型;式(16)是以双元驱动力为自变量,以探索策略为因变量进行回归的模型;式(17)是以企业成长潜力作为因变量,以双元驱动力和探索策略一起作为自变量进行回归的模型。三个回归模型中均包含控制变量。通过对三个回归模型的估计来检验探索策略在双元驱动力对企业成长潜力之间影响的中介效应机制,具体回归结果见表 8-15。

表 8-15　探索策略在双元驱动力和企业成长潜力之间的中介作用检验

项　　目	模型 1	模型 2	模型 3
因变量	成长潜力	探索策略	成长潜力
探索策略			0.714*** (0.138)
L1.探索策略		0.240*** (0.024)	0.358** (0.111)
L2.探索策略		0.068*** (0.008)	−0.120 (0.087)
L1.成长潜力	0.005 (0.015)		0.020** (0.008)

续　表

项　　目	模型 1	模型 2	模型 3
因变量	成长潜力	探索策略	成长潜力
Ln 规模	−0.943*** (0.137)	0.155*** (0.012)	−0.919*** (0.085)
年龄	0.475 (0.333)	0.000 (.)	0.000 (.)
高管持股比例	0.014 (0.036)	0.002 (0.005)	−0.011 (0.032)
研发支出比例	0.023 (0.470)	0.064*** (0.009)	−0.091 (0.077)
双元驱动力	−0.116** (0.043)	−0.035*** (0.007)	−0.008** (0.274)
AR(1)	0.202	0.003	0.000
AR(2)	0.249	0.574	0.612
Sargan	0.665	0.132	0.229
Hansen	0.733	0.588	0.781
样本数/个	3 407	11 320	2 329

注：使用 STATA15 得到该估计结果。*** 代表 $P<0.001$，** 代表 $P<0.01$，* 代表 $P<0.05$。括号内为 Z 统计量，AR(1)和 AR(2)分别表示 Arellano-Bond test for AR(1)和 Arellano-Bond test for AR(2)。Sargan 和 Hansen 分别表示 Sargan 过度识别检验和 Hansen 过度识别检验，L1.和 L2.分别表示各项的滞后一期和滞后两期。回归方法采用的是两步系统 GMM 回归模型。行业类别以虚拟类别变量的形式参与了回归，限于篇幅，未汇报具体参数。

2. 利用策略在双元驱动力和企业成长潜力之间的中介作用检验

为检验"双元驱动力→利用策略→成长潜力"的中介影响路径，构建了以下三个回归模型：

$$TQA_{it} = \mu TQA_{it-1} + \lambda TQA_{it-2} + a_1 So\_Ratio_{it} + z'_{it}\beta + \xi_{it} \qquad (18)$$

$$Ploit_{it} = \partial Ploit_{it-1} + \delta Ploit_{it-2} + b_1 So\_Ratio_{it} + z'_{it}\beta + \xi_{it} \qquad (19)$$

$$TQA_{it} = \mu' TQA_{it-1} + \lambda' TQA_{it-2} + c_1 So\_Ratio_{it} + c_2 Ploit_{it} + z'_{it}\beta + \xi_{it} \qquad (20)$$

式(18)是以双元驱动力为自变量，以托宾 Q 值表征的企业成长潜力为因变量进行回归的模型；式(19)是以双元驱动力为自变量，以利用策略为因变量进行回归的模型；式(20)是以企业成长潜力作为因变量，以双元驱动力和利用策略一起作为自变量进行回归的模型。三个回归模型中均包含相同的控制变量。通过对三个回归模型的估计来检验利用策略在双元驱动力对企业成长潜力之间影响的中介效应机制,具体回归结果见表8-16。

表8-16 利用策略在双元驱动力和企业成长潜力之间的中介作用检验

项　　目	模型1	模型2	模型3
因变量	成长潜力	利用策略	成长潜力
利用策略			−0.320* (0.127)
L1.利用策略		0.024 (0.024)	−0.313 (0.160)
L2.利用策略		−0.050** (0.019)	−0.095 (0.103)
L.成长潜力	0.005 (0.015)		0.013* (0.006)
Ln 规模	−0.943*** (0.137)	0.064*** (0.008)	−0.616*** (0.064)
年龄	0.475 (0.333)	0.000 (.)	0.000 (.)
高管持股比例	0.014 (0.036)	0.003 (0.003)	−0.010 (0.031)
研发支出比例	0.023 (0.470)	0.034*** (0.006)	−0.006 (0.072)
双元驱动力	−0.116** (0.043)	0.030*** (0.006)	−0.058* (0.279)
AR(1)	0.202	0.017	0.000
AR(2)	0.249	0.804	0.312
Sargan	0.665	0.079	0.283
Hansen	0.733	0.482	0.711
样本数/个	3 407	11 320	2 429

注:使用STATA15得到该估计结果。*** 代表 $P<0.001$,** 代表 $P<0.01$,* 代表 $P<0.05$。括号内为Z统计量,AR(1)和AR(2)分别表示Arellano-Bond test for AR(1)和Arellano-Bond test for AR(2)。Sargan和Hansen分别表示Sargan过度识别检验和Hansen过度识别检验,L1.和L2.分别表示各项的滞后一期和滞后两期。回归方法采用的是两步系统GMM回归模型。行业类别以虚拟类别变量的形式参与了回归,限于篇幅,未汇报具体参数。

3. 双元知识策略在双元驱动力和企业成长潜力之间的中介作用检验

依照上述中介效应的检验步骤,进一步来检验双元策略在双元驱动力和企业成长

潜力之间的中介作用,建立如下三个回归模型:

$$TQA_{it} = \mu TQA_{it-1} + \lambda TQA_{it-2} + a_1 So\_Ratio_{it} + z'_{it}\beta + \xi_{it} \quad (21)$$

$$Plor\_Ratio_{it} = \partial Plor\_Ratio_{it-1} + \delta Plor\_Ratio_{it-2} + b_1 So\_Ratio_{it} + z'_{it}\beta + \xi_{it} \quad (22)$$

$$TQA_{it} = \mu' TQA_{it-1} + \lambda' TQA_{it-2} + c_1 So\_Ratio_{it} + c_2 Plor\_Ratio_{it} + z'_{it}\beta + \xi_{it}$$
$$(23)$$

式(21)是以双元驱动力为自变量,以企业的成长潜力为因变量进行回归的模型;式(22)是以双元驱动力为自变量,以探索倾向表征的双元知识策略为因变量进行回归的模型;式(23)是以企业成长潜力为因变量,以双元驱动力和双元知识策略一起作为自变量进行回归的模型。三个回归模型中均包含相同的控制变量。通过对三个回归模型的估计来检验双元知识策略在双元驱动力对企业成长潜力之间影响的中介作用机制,具体回归结果见表8-17。

表8-17 双元知识策略在双元驱动力和企业成长潜力之间的中介作用检验

项 目	模型1	模型2	模型3
因变量	成长潜力	双元策略(探索倾向)	成长潜力
探索倾向			5.356*** (0.605)
L1.探索倾向		0.227*** (0.027)	3.000*** (0.614)
L2.探索倾向		0.064** (0.024)	−1.283* (0.499)
L.成长潜力	0.005 (0.015)		0.025*** (0.008)
Ln 规模	−0.943*** (0.137)	0.024*** (0.004)	−0.954*** (0.075)
年龄	0.475 (0.333)	0.000 (.)	0.000 (.)
高管持股比例	0.014 (0.036)	0.002 (0.001)	−0.007 (0.031)
研发支出比例	0.023 (0.470)	0.012*** (0.003)	−0.072 (0.079)

续 表

项　目	模型1	模型2	模型3
因变量	成长潜力	双元策略(探索倾向)	成长潜力
双元驱动力	−0.116** (0.043)	−0.017*** (0.002)	−0.022 (0.304)
AR(1)	0.202	0.000	0.000
AR(2)	0.249	0.435	0.310
Sargan	0.665	0.113	0.276
Hansen	0.733	0.611	0.398
样本数/个	3 407	11 320	2 429

注：使用STATA15得到该估计结果。*** 代表$P<0.001$，** 代表$P<0.01$，* 代表$P<0.05$。括号内为Z统计量，AR(1)和AR(2)分别表示Arellano-Bond test for AR(1)和Arellano-Bond test for AR(2)。Sargan和Hansen分别表示Sargan过度识别检验和Hansen过度识别检验，L1.和L2.分别表示各项的滞后一期和滞后两期。回归方法采用的是两步系统GMM回归模型。行业类别以虚拟类别变量的形式参与了回归，限于篇幅，未汇报具体参数。

4. 知识策略在双元驱动力和企业成长潜力之间中介关系的总结

按照本文前述中有关中介作用的检验步骤，本研究对三种知识策略的中介作用依次进行了检验，汇总结果如表8-18所示。第一步，检验a_1的显著性，关于中介作用检验的三个回归结果显示，a_1均在0.01的水平上显著，因此步骤一通过，继续进行下一步检验。第二步需要检验b_1和c_2的显著性，回归结果汇总说明双元驱动力对三种知识策略的影响系数b_1以及三种知识策略对企业成长潜力的回归系数均是显著的，因此步骤二也是通过的。第三步，进行中介作用类型的检验，即检验系数c_1是否显著以判断中介作用的类型是部分中介还是完全中介作用。第三步检验系数的汇总结果表明，探索和利用两种单一的知识策略的回归系数c_1都是显著的，说明单一知识策略在双元驱动力与企业成长潜力之间起到了部分中介作用；而在以探索倾向为表征的双元知识策略模型中，c_1是不显著的，说明双元知识策略在双元驱动力与企业成长潜力之间起到了完全中介作用。

表8-18　知识策略在双元驱动力对企业成长潜力影响中的中介作用检验

步　骤	回归系数	探索策略	利用策略	双元策略
第一步	a_1	显著,0.01	显著,0.01	显著,0.01

续 表

步　骤	回归系数	探索策略	利用策略	双元策略
第二步	b_1	显著,0.001	显著,0.001	显著,0.001
	c_2	显著,0.01	显著,0.05	显著,0.001
第三步	c_1	显著,0.01	显著,0.05	不显著
检验结论		部分中介	部分中介	完全中介

综上所述,假设 H7a 和 H7b 都得到了验证。因此,可以认定假设 H7 得到验证,即企业的知识策略在双元驱动力与企业成长潜力之间具有中介作用。

第八节　双元驱动力对知识策略影响的时间效应检验

本研究的假设 H8 是有关双元驱动力对企业知识策略影响的时间效应的分析,假设认为双元驱动力对企业知识策略的影响存在逐渐增强的时间效应,具体包括三个分假设:假设 H8a 认为双元驱动力对探索策略的影响存在逐渐增强的时间效应;假设 H8b 认为双元驱动力对利用策略的影响也存在逐渐增强的时间效应;假设 H8c 认为双元驱动力对双元知识策略的影响存在逐渐增强的时间效应。具体如图示 8-12 所示。

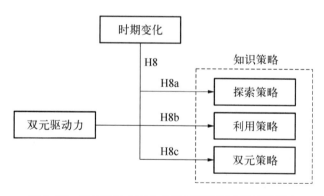

图 8-12　双元驱动力对企业知识策略影响的时间效应

根据本研究合并的国泰安数据库中的上市公司 2003—2019 年统计数据和知识策略文本分析数据进行建模回归,在借鉴前人研究和数据特性分析的基础上,采用了系统 GMM 回归分析模型对模型进行回归分析。表 8-19 汇总了时间效应分析的三个模型的回归分析结果。此处的回归模型是在双元驱动力对知识策略的直接作用分析的基础上分别加入了时间虚拟变量,为了防止 17 个时间虚拟变量的共线性问题,加入回归模型时只保留了 2004—2019 年对应的 16 个时间虚拟变量。

表 8-19 双元驱动力对企业知识策略影响的时间效应作用检验

因变量	探索策略			利用策略			双元知识策略		
年份	相关系数	t 检验	显著性	相关系数	t 检验	显著性	相关系数	t 检验	显著性
2004	0			0			0		
2005	0			0			0		
2006	0			0			0		
2007	2.705 906	7.28	***	4.340 394	17.07	***	0.140 040 3	1.83	
2008	2.672 32	8.32	***	4.097 006	17.36	***	0.183 904 3	2.36	*
2009	2.875 314	8.35	***	4.160 429	17.42	***	0.215 897 3	2.72	**
2010	2.853 421	8.65	***	4.203 347	17.36	***	0.201 257 4	2.55	*
2011	2.858 467	8.63	***	4.296 186	17.58	***	0.181 653 3	2.30	*
2012	2.931 077	8.76	***	4.285 032	17.26	***	0.198 780 7	2.50	*
2013	2.974 357	8.90	***	4.327 054	17.20	***	0.198 678 1	2.49	*
2014	3.047 082	8.98	***	4.288 139	17.14	***	0.223 283 7	2.77	**
2015	3.172 54	9.31	***	4.320 346	17.13	***	0.243 611 8	3.01	**
2016	3.248 074	9.48	***	4.355 65	16.96	***	0.253 114 2	3.09	**
2017	3.313 259	9.62	***	4.446 341	17.16	***	0.247 513 3	3.02	**
2018	3.324 562	9.71	***	4.447 653	17.36	***	0.257 869 4	3.12	**
2019	3.365 432	9.76	***	4.643 765	17.43	***	0.274 665 3	3.09	**

注:使用 STATA15 得到该估计结果。*** 代表 $P<0.001$,** 代表 $P<0.01$,* 代表 $P<0.05$。回归方法采用的是两步系统 GMM 回归模型。三个回归模型为双元驱动力对知识策略直接作用回归模型的基础上加入了 16 个时间虚拟变量,限于篇幅,此处只汇报了时间虚拟变量的回归系数、t 检验和显著性水平。

从表 8-19 中的时间虚拟变量对知识策略的回归系数和显著性水平来看,从 2007 年开始,时间效应的系数显著为正,并基本呈现逐渐递增的态势。依据表中三种知识策略的时间相关系数,本研究绘制了图 8-13,以更加直观的方式将双元驱动力对知识策略影响的时间效应呈现出来。通过图 8-13 可以看出,利用策略随着时间的变化呈现出

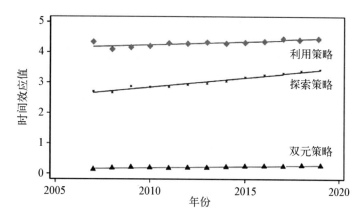

图 8-13　双元驱动力对知识策略影响的时间效应图

最高的时间效应值(假设 H8b 得证);探索策略的时间效应值均略小于利用策略,但其时间效应值的变化斜率明显略大于利用策略的时间效应值的变化斜率(假设 H8a 得证)。由于双元知识策略是以探索策略所占两者的比重来测度的,因此,其斜率也同样说明企业的探索倾向呈现逐年递增的态势,即探索策略的增长态势也强于利用策略的增长态势,因此,假设 H8c 得证。综合以上分析,假设 H8 得证。

基于表 8-19 中三类知识策略的时间效应系数,采用线性回归模型对三类时间效应回归系数的变化斜率进行了回归分析,结果见表 8-20。表中探索策略的时间效应变化率为 0.061,利用策略的时间效应变化率为 0.020,双元知识策略的时间效应为 0.009,其回归系数的显著性水平均在可接受水平,进一步采用定量的分析结果证实了以上三类知识策略的时间效应变化率。

表 8-20　双元驱动力对企业知识策略影响的时间效应的变化率分析

项　目	模型 1	模型 2	模型 3
因变量	探索策略的时间效应	利用策略的时间效应	双元知识策略的时间效应
变化系数	0.061*** (0.005)	0.020* (0.007)	0.009*** (0.003)
常数项	−120.215*** (10.040)	−36.771* (14.148)	−17.322*** (3.456)
样本数	11	11	11
R^2	0.944	0.483	0.741
F 值	150.55	8.42	25.73

注:对表 8-19 中的系数进行线性回归得到该估计结果。*** 代表 $P<0.001$,** 代表 $P<0.01$,* 代表 $P<0.05$。

第九节 实证研究结果汇总

本章通过系统 GMM 回归分析方法,对本研究所列示的所有研究假设逐一进行了实证检验,汇总结果参见表 8-21。从表中可以看出,除了假设 H1a 和 H3b 未得到验证,个别假设得到了部分验证以外,其他大部分假设均得到了检验结果验证。

表 8-21 本研究的实证研究结果

假设	解释	结论
H1	双元驱动力与企业绩效负相关	部分得证
H1a	双元驱动力与企业利润负相关	未得证
H1b	双元驱动力和企业的成长潜力负相关	得到证明
H2	双元驱动力对企业的知识策略具有直接作用	得到证明
H2a	双元驱动力与企业的探索策略负相关	得到证明
H2b	双元驱动力与企业的利用策略正相关	得到证明
H2c	双元驱动力与企业的双元策略呈 U 形曲线相关	得到证明
H3	企业的知识策略具有自我强化的特征	部分得证
H3a	探索策略具有自我强化的特征,并且自我强化作用逐年减弱	得到证明
H3b	利用策略具有自我强化的特征,并且自我强化作用逐年减弱	未得证
H3c	企业的双元策略具有自我强化的特征,并且自我强化作用逐年减弱	得到证明
H4	知识策略对企业利润具有直接作用	部分得证
H4a	探索策略对短期企业利润具有负向作用,长期具有正向作用	得到证明
H4b	利用策略对短期企业利润具有正向作用,长期也具有正向作用	部分得证
H4c	双元策略对企业利润具有倒 U 形的曲线作用	得到证明
H5	知识策略对企业的成长潜力具有正向作用,作用强度逐年递减	部分得证

续表

假设	解　释	结　论
H5a	探索策略对企业的成长潜力具有正向作用,作用强度逐年递减	得到证明
H5b	利用策略对企业的成长潜力具有正向作用,作用强度逐年递减	部分得证
H5c	双元策略对企业的成长潜力具有正向作用,作用强度逐年递减	得到证明
H6	知识策略可以中介双元驱动力对企业利润的影响	得到证明
H6a	单一知识策略可以部分中介双元驱动力对企业利润的影响	得到证明
H6b	双元知识策略可以完全中介双元驱动力对企业利润的影响	得到证明
H7	知识策略可以中介双元驱动力对企业成长潜力的影响	得到证明
H7a	单一知识策略可以部分中介双元驱动力对企业成长潜力的影响	得到证明
H7b	双元知识策略可以完全中介双元驱动力对企业成长潜力的影响	得到证明
H8	双元驱动力对企业知识策略的影响存在逐渐增强的时间效应	部分得证
H8a	双元驱动力对探索策略的影响存在逐渐增强的时间效应	得到证明
H8b	双元驱动力对利用策略的影响存在逐渐增强的时间效应	得到证明
H8c	双元驱动力对双元知识策略的影响存在逐渐增强的时间效应	得到证明

本 章 小 结

本章的主要内容是利用本研究的统计数据对理论模型所列示的研究假设进行实证检验,主要分析方法则是采用了适合大 N 小 T 类型的面板数据的系统 GMM 回归方法,其中大部分模型还使用了动态回归模型。第一,本章检验了双元驱动力对企业利润和知识策略的直接作用;第二,本章检验了企业知识策略的自我强化作用,也即采用实证的方法验证了理论界一直以来所关注的企业经营惯性的问题;第三,本章检验了知识策略对企业利润的直接作用以及其在双元驱动力和企业利润之间的中介作用;第四,本章还检验了双元驱动力和知识策略对以托宾 Q 为表征的企业成长潜力的作用机制,研究发现,双元驱动力对企业成长潜力具有负向的作用,而知识策略则对企业成长潜力具有持续的、逐年减弱的正向作用,此外,知识策略同样可以中介双元驱动力和企业成长潜力之间的关系；第五，本章还探讨了双元驱动力对企业知识策略影响的时间效应，也即随着时间的变化，企业的知识策略呈现出逐步增强的态势，并且，探索策略的增长态势要强于企业的利用策略的增长，也可以总结为，企业呈现出更多的双元特性。相关的理论发现和实践启示将在下一章进行详细的探讨。本章结尾部分对研究假设的验证情况进行了汇总。本章的相关分析表明，本研究的理论模型与实证检验得出的结论基本吻合，说明理论模型有较强的科学性和可靠性，一些出乎研究设想的发现也给出了很强的现实启发性。

第九章

结论和启示

第八章基于国泰安数据库中的上市公司2003—2019年的统计数据和上市公司各年度报告的文本分析数据,采用系统GMM回归分析方法对双元驱动力、知识策略和企业绩效的作用机理进行了实证检验。本章将就第八章假设检验得到的主要结论,结合目标驱动理论和知识策略理论对研究结论进行分析和探讨;就第八章的验证结果进行集中分析,探讨为什么有的假设得到了数据的支持,有的假设没有得到数据支持,为什么有的数据支持的结论与研究设想略有偏颇,这些偏差又带来了什么启示。基于研究假设检验的结果以及启示总结本研究的理论贡献和实践启发,对我国上市公司的知识管理实践提出相应的建议,并总结本研究的创新点和不足之处,以期对未来的研究方向给出提示。

第一节 研究结论

从第八章表8-21的研究假设检验汇总情况来看,本研究的大部分假设得到了证实,个别假设未得证,部分假设得到了部分验证。本节将重点对相关结论进行总结、讨论和分析,对假设检验的结果进行深入探讨,以提炼并总结本研究的研究结论和启示。

一、双元驱动力对企业利润的直接作用

本研究假设双元驱动力对于企业的营业利润具有负向的直接作用。研究中以国有企业的持股比例表征政府驱动力的大小,当政府持股比例高时,政府对企业的驱动力就大,企业的市场驱动力就被相应地弱化了。企业利润则以当年的营业利润作为依据,数据均来自上市公司公开披露的报告,且时间跨度涵盖了2003年至2019年。既能够做到有大样本数据的支持,又避免了问卷调查中样本选取的偏差和主观评价的影响。运用适合于大N小T类型的面板数据的回归方法——系统GMM分析对数据进行回归,研究结果并未验证双元驱动力与企业利润之间的负相关关系,回归系数和显著性水平分别为0.052和0.001。由此,可以看出,中国上市公司双元驱动力和企业利润之间

具有显著正向关系,可以说中国上市公司政府驱动力越大,企业的营业利润水平就越高。虽然假设 H1a 未得到证实,但是,只能说这是当前中国上市公司存在的一种短期现象,并不能说明两者之间具有正向的因果关系,即不能得出政府驱动力促使了企业利润增长的结论。依据目标驱动理论、制度理论、生产力理论以及本研究的数据支撑,本节将假设 H1a 未得证的解释归结为以下三点。

(一)依据目标驱动理论,政府驱动的目的不在于利润而在于保障民生

我国的经济体制变革经历了从计划经济向市场经济的转变,转型经济中的企业也经历了由政府驱动逐步向市场驱动的转变。面对新的经济形势,对于大多数国有企业而言,不仅需要适应市场竞争的需要,其肩负的政策性负担依然存在。如曾庆生和陈信元在 2006 年分析了 1999 年至 2002 年健康运营的上市公司,给出了国有控股公司的社会性负担多于非国有控股公司的证据。早在 1998 年,Lin 等的研究就指出,因为承担了政府的多重目标,如经济发展战略、社会就业、养老和社会稳定等,导致了转型经济中国有企业的政策性负担。类似的政策性负担通过国有企业高管的晋升机制加以传导,通过如重视上级考核的"经济增长率"、热心提升企业知名度的"公益赛事"等时间短、见效快的经营活动来提高上级主管部门的认可度。政府驱动的目的涵盖了过多的民生、稳定等社会性负担,势必会对企业的利润和长期发展潜力带来一定的负面影响,因此,政府驱动的加大与企业利润的增加势必还有其他的原因,不能简单以现象来揣度因果关系。

(二)依据制度理论,政府驱动比例高的企业更容易获得政策支持

现阶段,中国的市场竞争机制还不健全,政府仍然掌握着企业生存和发展的重要资源的分配权。企业和政府的政治关联可以帮助企业获得市场准入权、产业发展扶持政策、税收优惠或政府控制的资源及关键信息,可以帮助企业及时了解政策导向,因而,中国上市公司的政治关联被认为是企业正常经营的重要资源之一(Boubakri, et al, 2008)。这些关键资源的获得一方面可以帮助企业节约经营成本,另一方面也可以帮助企业更容易获得市场的认可,取得更高的营业收入。白俊红和李婧(2011)的研究也证实了政府的 R&D 资助对企业提升绩效具有显著的正向影响。此外,政治关联还可以帮助企业缓解融资约束,并降低企业陷入财务困境的风险(Faccio, et al, 2006;潘越等,2009)。

(三)依据生产力发展阶段理论,规模效益仍是当前高利润的主要来源

另一个可以解释政府驱动高营业利润现象的依据就是当前中国的经济发展仍然处于依靠规模扩张的粗放型发展阶段。大多数的国有企业一般都集中在规模可观、对整

个国民经济发展具有重要影响的行业,如钢铁、石油、电信、交通运输和大型建设等。一方面,这些行业都需要一定的规模才能产生效益;另一方面,通过扩大规模,也可以吸纳更多的劳动力,帮助政府解决就业压力,提升地方经济增长。此外,通过表 8-1 的回归结果也可以看出,规模对企业利润的影响因子要远远大于驱动力的影响,规模回归系数为 0.916,远远大于双元驱动力的 0.052,且在 0.001 的水平上显著。因此,通过分析可知,政府驱动力高的企业往往集中在规模大、产值高的产业,而当前规模效益仍是中国上市公司高利润的主要来源。

二、双元驱动力对企业成长潜力的直接作用

本研究在度量企业绩效时,既选取了表征企业当前效益的客观指标——营业利润,也选取了表征企业长期成长潜力的主观价值评判——托宾 Q 值,以探究双元驱动力和知识策略与企业短期绩效和长期绩效之间的关系。本研究的实证结果虽然证实了双元驱动力对企业短期利润的正向作用,但从长期来看,本研究认为双元驱动力对企业成长潜力具有负向作用。从表 8-2 模型 2 的检验结果来看,双元驱动力对企业成长潜力的回归系数为-0.116,且回归结果在 0.001 的水平上显著,验证了双元驱动力对企业成长潜力的负向作用,本研究的假设 H1b 得到证明。

以政府控股比例为表征的政府驱动力,得益于规模效应和预算执行控制体系,短期来看,呈现出与企业利润的正向关系。但长期来看,企业的成长价值需要有核心竞争力的支撑,需要企业能够不断在市场竞争中寻找到有利的市场定位,而所有这些成长潜力的支撑,都需要企业管理者具有长期潜力的布局和谋划,而双元驱动力从目标驱动的角度来说,由于担负了过多的社会性负担,着眼于政府提拔指标的落实以及考核任期等因素的影响,政府驱动对企业未来成长潜力的影响是不利的。此外,政府的参与会产生"竞争替代"效应,这从另一个角度也说明了这种不利的长期影响产生的原因。

三、双元驱动力对企业知识策略的直接作用

第八章的第二节检验了双元驱动力与企业知识策略之间的直接作用,共包括三个分假设:双元驱动力与企业的探索策略负相关,即政府驱动力占比越大,市场驱动力占比越小,企业采取探索策略的行动就越少;双元驱动力与企业的利用策略正相关,即政府驱动力占比越大,市场驱动力占比越小,企业会采取更多的利用策略来提升资源的利用效率;双元驱动力与企业的双元策略之间呈 U 形曲线关系,即随着政府驱动力占比的逐渐变大,企业的探索倾向(探索策略占两种知识策略总和的比例)会呈现先下降后升高的曲线变化。

通过本研究汇总的上市公司 2003 年至 2019 年共 17 年的统计数据的检验,表 8-3、表 8-4 和表 8-5 的系统 GMM 检验结果表明,双元驱动力和企业知识策略的三个分

假设均得到了验证。首先,双元驱动力对探索型知识策略的回归系数为-0.035,且在0.001的水平上显著,证实了双元驱动力对企业探索策略的负相关作用;其次,双元驱动力对利用型知识策略的回归系数为0.030,显著性水平同样为0.001,因此,也证实了双元驱动力对企业利用策略的正向作用;最后,双元驱动力的一次项对以探索倾向为表征的双元知识策略的回归系数为-0.012,显著性水平为0.1,双元驱动力的二次项对双元知识策略的回归系数为0.004,显著性水平为0.001,因此,验证了双元驱动力对双元知识策略的U形相关关系。

此外,为了进一步拟合双元驱动力与双元知识策略之间的U形曲线关系,本研究利用STATA15绘制了两者之间的散点图拟合图,具体如图8-5所示。通过具体的拟合数据可知,双元驱动力和双元知识策略之间的关系呈较为平坦的U形。随着政府驱动力的增加,企业的探索倾向呈缓慢下降的趋势,谷底坐落在政府驱动力的比例在0.6附近,之后,随着市场驱动力的加大,探索倾向呈缓慢递增的态势,但增加幅度不大,大部分探索倾向的比例始终保持在0.4以下,并没有呈现出更高水平的增长。由此,双元驱动力与探索倾向之间的U形曲线关系得到验证。综合上述,双元驱动力对知识策略的直接作用假设均得到了验证。

研究结果验证了之前的理论铺垫,首先,根据目标驱动理论,由于政府驱动目标的多重性特征,导致政府驱动并不以科技创新和利润为最首要目标,同时,探索策略需要企业牺牲当前的利润,为后续的持续寻找突破点,高风险和高投入的特性也与政府驱动的目标不兼容。此外,"竞争替代"效应使国有企业无须进行更多的探索或创新,垄断的特性可以使企业保持较好的生存。综合而言,政府驱动力的增加会带来探索倾向的负向调整。政府驱动比例一旦突破了企业决策的控制界限0.5,由于资源冗余和技术进步的压力,国控企业会适当倾向于进行高风险、高回报的探索创新策略。但同时可以看出,在以政府驱动为表征的双元驱动视角下,上市公司的探索倾向比例普遍不高,大多数企业仍然依靠之前累积的大规模、低成本优势维持着较低的生产运营水平。

至于政府驱动会促使企业提升资源的利用效率,提升当前的利润水平,这虽然与当前大多数研究的预期和结论相悖,但也验证了部分研究中指出的"由于近年来财政预算控制力度的加大,在有限的资源分配下,国有企业高管必须充分利用现有资源,提高当前投入产出"的预期相符合。从一定角度验证了当前财政预算和执行控制制度的有效性。

四、企业知识策略的自我强化作用

由于企业内部运作的惯性和路径依赖特性,本研究认为企业的知识策略具有自我强化的特征,具体包括三个分假设:企业的探索策略具有自我强化的特征,且自我强化作用逐年递减;企业的利用策略具有自我强化的特征,且自我强化作用逐年递减;企业的双元策略具有自我强化的特征,且自我强化作用逐年递减。此假设的数据验证融入在了双元驱动力对企业知识策略的直接作用的模型检验中,系统 GMM 动态回归系数分布在表 8-3、表 8-4 和表 8-5 中前两项因变量的滞后一期和滞后两期回归系数,汇总结果见表 8-6。从表中的回归系数可以看出,探索策略和双元知识策略的滞后一期和滞后两期项的回归系数均在 0.001 的显著水平上为正,同时,滞后两期项的回归系数也都显著为正,且滞后一期项系数明显大于滞后两期项。如探索策略的滞后一期项回归系数为 0.240,大于滞后两期项的回归系数 0.068;双元知识策略(探索倾向)的滞后一期回归系数为 0.239,远大于滞后两期项的回归系数 0.070。这证实了探索策略和双元知识策略的自我强化特征,即企业前一年以及前两年的探索策略依然会对当前企业的探索策略产生显著的正向影响,影响力随着年度的改变略有下降;企业前一年和前两年的双元知识策略也仍然会显著正向影响当前的双元知识策略,影响力也同样呈现逐年递减的趋势。因此,探索策略和双元知识策略逐年递减的自我强化效应在中国的上市公司运营中得到了证实。

而利用策略的滞后一期项对当期的影响虽然同样为正,但显著性水平却并不显著,而滞后两期项对当期的回归系数却在 0.01 的显著性水平上为负。虽然实证回归结果并没有证实假设 H3b,但实证结果也并不出乎意料。一方面,由于当前科技进步的速度,当前可以提升企业生产效率的技术很有可能在下一年度就会遭到淘汰,因此,对企业下一期的技术利用效率未必会产生正向的促进作用;另一方面,也可以从侧面验证"成功陷阱"的存在,即企业如果仅仅关注当前的市场地位和利润,很有可能就会陶醉在自己的"技术优势"上,而忽略了对新技术的应用和提炼,当前的技术优势事实上却成为未来技术利用水平提升的"障碍"。

五、知识策略对企业利润的直接作用

有关企业的知识策略与营业利润之间的直接作用,本研究分为三个假设依次探讨了探索策略、利用策略和双元知识策略(以探索策略占两种知识策略比重为表征)对企业营业利润的直接作用。研究认为,探索策略短期而言对企业利润具有负向作用,长期则具有正向促进作用;利用策略无论是短期还是长期对企业利润均具有正向促进作用;双元知识策略与企业利润之间呈倒 U 形曲线关系,即随着企业探索倾向的增加,一开始营业利润呈增加趋势,一旦探索策略超过平衡点之后,营业利润反而会呈下降趋势。由于此假设涉及自变量跨时期的回归分析,因此,本研究采用了系统 GMM 动态回归模型对假设进行验证。

根据表 8-7 的回归分析结果,探索策略当期值对营业利润的回归系数显著为负,而滞后一期和滞后两期项的回归系数均在 0.001 的显著性水平上为正,且滞后两期项的系数 0.064 略大于滞后一期项的回归系数 0.055,说明开展探索策略对企业当期的营业利润具有负向影响,而对长期利润则是有显著正向的促进作用,并且,第三年的正向促进作用略大于第二年的正向促进作用。由此,可见高风险、高失败但同时也具有高回报率的探索策略对企业的长期发展具有不可替代的作用,其促进作用并不会逐渐减弱,反而会逐年增强。

根据表 8-8 的回归分析结果,利用策略的当期值对营业利润的回归系数为 0.282,且在 0.001 的显著性水平被接受,而其滞后一期和滞后两期项的回归系数均为不显著的负向作用,说明见效较快、成本较小的利用策略对短期利润起到了有效的促进作用,但长期来看,有可能带来"成功陷阱",即单一的利用策略会使企业高管关注企业的短期绩效,忽视对长期发展潜力的关注。此外,当前的技术利用还有可能导致企业沾沾自喜,对新的技术进步和挑战采取"规避"的策略,从而导致企业"死"在自己的当前"优势"中。比较典型的案例包括曾是行业巨头的诺基亚和柯达,过度自信和沉迷于当前的成功之中,而对未来的变化和进步均抱有"赌注"心理,虽然都拥有强大的创新力量,但却缺乏"自我革命"的勇气。

表 8-9 的模型数据显示,双元知识策略的一次项和二次项对企业利润的回归系数分别为 1.648 和 -1.733,显著性水平分别为 0.05 和 0.01,因此,双元知识策略与企业利润之间的倒 U 形曲线关系得到验证。但值得关注的是,通过双元知识策略与企业利润之间的散点拟合图(图 8-8)可以看出:第一,倒 U 形的拐点出现的位置并不是想象中的 0.5 处,即探索策略与利用策略各占一半的绝对均衡处,而是处在 0.6 至 0.7 区域;第二,比较意外的发现是,绝大多数的中国上市公司,探索策略占比集中在 0.2 到 0.4 之间,探索倾向突破 0.5 的企业占比较少;第三,探索倾向超过 0.5 至 0.7 的少数企业,利润水平均明显高于大多数其他企业。这也说明,要避免过度的低效竞争,企业只有通过提升探索创新水平才能通往广袤的蓝海。

本研究以探索倾向为横轴,企业利润为纵轴,将企业的双元知识策略和利润分布划分为四个象限,依据图 8-8 所示中国上市公司的散点分布情况,将企业的创新策略分为三种类型。其中,探索倾向低于 0.5、企业利润普遍偏低的第三象限内的企业称为"低创新的多数";探索倾向高于 0.5、企业利润处于上升阶段的企业称为"高创新的少数";而探索倾向较高、企业利润虽然高于一般企业,但两者之间的关系处于下降通道的企业称为"过度创新者",具体如图 9-1 所示。

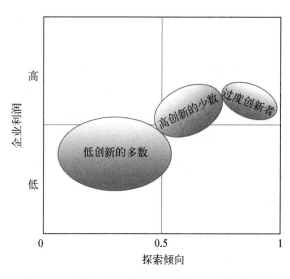

图 9-1 中国上市公司双元知识策略与利润分布图

六、知识策略对企业成长潜力的直接作用

通过实证检验,本研究发现,知识策略对企业的短期营业利润具有直接的影响,那么,知识策略对企业的长期成长潜力又会产生何种作用呢?本文依据知识管理的相关理论提出了相关假设:知识策略对企业的成长潜力具有逐年减弱的正向促进作用。具体包括三个分假设:探索策略对企业的成长潜力具有正向的影响且作用强度逐年递减;利用策略对企业的成长潜力同样具有逐年递减的正向促进作用;企业的双元知识策略对企业的成长潜力同样具有正向的促进作用,且作用强度逐年递减。

利用系统 GMM 动态回归模型,本研究对知识策略对以托宾 Q 值所表征的成长潜力进行了回归分析,回归结果见表 8-10。回归结果表明,探索策略当期值对企业的长期成长潜力具有显著正向的促进作用,回归系数为 0.717,探索策略的滞后一期项对企业成长潜力的回归系数为 0.367,较当期值减少约一半,显著性同样为 0.001,而探索策略的滞后两期项结果虽然为正的 0.121,但却并不显著,总体而言,逐年递减的正向促进作用得到验证。从利用策略对企业长期成长潜力的回归结果来看,利用策略的当期值对企业成长潜力的回归系数为 0.324,显著性水平为 0.05,而利用策略的滞后一期和滞后两期项对企业成长潜力的影响均为不显著的负向作用,因此,利用策略对企业成长潜力的正向促进作用得到了验证,但逐渐减弱的时期作用力并没有得到验证。综合而言,利用策略对企业成长潜力的假设得到了部分验证。综合的双元知识策略对企业成长潜力的回归结果说明,双元知识策略的当期值以及滞后一期值均显著正向地影响企业的成长潜力,作用强度从当期的 5.401 下降为滞后一期的 3.037,而双元知识策略的滞后两期则较为意外地呈现出显著的负相关,回归系数为−1.252,显著性水平为 0.05。如果以两年为期,假设 H5c 得到了验证,如果延长至三年,则只能说假设 H5c 得到了部分验证。

本研究从知识管理的角度对以上回归结论进行说明。探索策略实施的本身就说明企业管理者对企业未来的成长比较重视,进而进行长期的规划。探索策略的实施需要企业投入一定的当前利润,通过探索创新活动,寻找未来的成长点,属于一种对未来的投资活动。这一信号通过上市公司的信息披露传达给投资者,投资者自然会对企业未来的成长抱有希望,其市场交易表现就是公司市场价值的提升,进而体现在托宾 Q 值的增加上。而探索策略的滞后一期项对企业成长潜力的促进作用,可以从利润增长的角度加以解释,通过前面的实证检验可知,企业探索策略的滞后一期值和滞后两期值会对企业当年的利润起到正向的促进作用,而企业利润的增加自然也会让投资者提升信心,进而增加投资者对公司价值的评估,因此,也会带来公司托宾 Q 值提升的间接作用。

利用策略对企业成长价值提升的作用机理则只存在一个方面,即对企业当期利润

的提升,进而促使企业成长潜力的提升,这一观点也可以通过前面对利用策略对企业利润作用机理的分析得到验证。双元知识策略则综合了利用策略和探索策略的双重效果,因此,双元知识策略对企业成长潜力的作用力是最大的,双元知识策略的滞后一期项则综合了探索策略对企业成长潜力的显著正向作用 0.367 和利用策略不显著的负向作用—0.304,且 0.367＞0.304,综合来看,呈现出显著的正向影响。而双元知识策略的滞后两期项对企业成长潜力显著的负向作用,则可能主要归结为科技进步导致企业当前的成功对未来发展构成成长"障碍"的"成功陷阱"。

七、知识策略在双元驱动力与企业利润之间的中介作用

本研究认为知识策略可以在双元驱动力与企业利润之间起到中介作用,总的影响机理可以概括为"双元驱动力→知识策略→企业利润"。具体分为两类,一类是单一知识策略(探索策略或知识策略)在双元驱动力与企业利润之间的部分中介作用;另一类则是双元知识策略(以探索倾向为表征)在双元驱动力与企业利润之间的完全中介作用。本文借鉴了温忠麟等(2004)提出的中介作用检验程序,对两类中介作用依次进行了检验。检验结果均通过了验证,即单一知识策略在双元驱动力与企业利润之间起到部分中介作用,而双元知识策略则在双元驱动力与企业利润之间起到完全中介作用。

本研究从知识管理的角度,对上述中介作用进行分析。企业的驱动力量主要通过分配企业资源、组织相关活动来落实其追求的目标。知识管理作为企业的一项重要管理职能,特别是在知识经济快速发展的 21 世纪,不将知识管理或创新管理作为一项重要管理职能的企业,是无法获得持久的成长潜力的。无论是企业的设计、生产、销售或日常管理,无一不涉及企业的知识管理策略。企业的驱动管理力量最终是通过分配和安排与企业知识策略有关的资源和活动安排来落实管理目的、实现企业盈利目的。而单一的探索或利用策略,只能反映企业知识管理的一个方面,因此,只能起到双元驱动力与企业利润之间部分的中介作用。只有将同时体现外部创新和内部利用、长期投资和短期收益的双元知识策略才能起到驱动力量和企业利润之间的完全中介作用。此中介作用同时也启示企业,在处处含有企业知识管理的日常运营与管理中需要兼顾探索策略和利用策略。

八、知识策略在双元驱动力与成长潜力之间的中介作用

通过第八章第六节的分析,本研究验证了知识策略在双元驱动力与企业营业利润之间的中介作用。本研究认为,知识策略对企业的长期成长潜力同样可以起到中介作用的影响,具体作用机理可以概括为"双元驱动力→知识策略→企业成长潜力"。同样分为两类,一类是单一知识策略(探索策略或知识策略)的部分中介作用;另一类则是双元知识策略(以探索倾向为表征)的完全中介作用。同样借鉴温忠麟等(2004)提出的中

介作用检验程序,第八章第七节对这两类中介作用依次进行了检验。检验结果均通过了验证,即单一知识策略在双元驱动力与企业成长潜力之间起到部分中介作用,双元知识策略在双元驱动力与企业成长潜力之间起到完全中介作用。

借助知识管理理论,本研究认为,企业的运营管理无一不是对知识的管理。企业大部分的知识管理活动是在前期积累的基础上进行的提炼、改进的知识利用,而少部分的知识管理活动需要进行全新的试验和探索。从某种角度来说,企业的知识管理也符合广泛的"二八法则",即80%的知识管理延续的是利用策略,20%甚至更少的比例开展的是开拓性的探索创新知识策略,而这20%的探索创新则在很有可能在80%的程度上影响着企业未来的成长和发展。因此,只有利用策略,企业无法获得当前的支撑,更不用谈未来的发展;只有探索策略而不加以利用,则企业会陷入无尽的探索之中,无法落地生根,更谈不上成长和壮大了,这也就是当前一些新创科技型企业的通病。管理者抱着美好的设想,将未来描绘得绚烂无比,但几轮融资下来,企业却始终无法产生自我造血能力,始终处在"缺钱"的状态。这类新创企业与传统企业相比,优势是重视探索创新并看中企业的未来发展,但缺点也恰恰在此,太看重未来,而忽视了当下的利用策略,缺乏自我生存能力。从这点来说,企业采用双元知识策略就显得十分必要了。

九、双元驱动力对知识策略影响的时间效应

本研究认为,随着科技进步的加快,双元驱动力对企业知识策略影响的时间效应也会随之加强:双元驱动力对探索策略的影响存在逐渐增强的时间效应;双元驱动力对利用策略的影响存在着逐渐增强的时间效应;双元驱动力对双元知识策略的影响存在逐渐增强的时间效应。应用本研究汇总的中国上市公司2003年至2019年的数据,本研究对时间效应的存在性及显著性进行了回归分析,分析工具为STATA15,回归模型采用系统GMM两步回归模型。表8-19汇总了三种知识策略的时间效应回归系数,表8-20则对表8-19中的回归系数进行了双变量线性回归分析。两张表分别验证了时间效应的存在性和变化规律的显著性,进而验证了本研究关于逐年递增的时间效应的假设。

关于时间效应的分析可以得出如下结论:一方面,随着时代的进步,科技力量的增强,知识经济时代知识管理的重要性在逐渐加强,同时企业对于知识管理的重视程度也在逐年递增;第二,中国上市公司对双元知识策略的重视程度略有偏颇,利用策略的时间效应回归系数最高,各年度均在4左右,探索策略的回归系数次低,均处于2-3,而双元知识策略的系数最低。说明当前中国上市公司最重视的是利用策略,这也与中国的经济发展现状相一致。中国市场经济发展起步较晚,工业化建设的基础则是在"走出去、请进来"的改革浪潮中逐步建立起来的,企业的发展基础不是开拓性的科技创新,而是基于逐步的模仿和改进,因此,利用策略占据企业发展的优先地位是与其发展历史分

不开的。第三,也是一个可喜的变化和发现,那就是中国上市公司对探索策略的重视程度正在逐步提高,从数据上看就是,探索策略的时间效应增速 0.061 大于利用策略的增速 0.020,这也是当前中国企业进行供给侧改革和参与国际竞争的必要变化。但整体而言,探索倾向的增长速度依然偏慢。

第二节 管 理 启 示

随着世界经济的发展以及国际竞争的加剧,李克强总理早在 2014 年 9 月在达沃斯论坛上就发出了"大众创业,万众创新"的号召,党的十八大报告也明确提出创新驱动的发展战略,以创新驱动整个经济的转型升级。企业是一个社会经济发展的引擎,要促进社会的创新发展,首先就要调动企业的积极性。因此,结合中国上市公司的基本情况,研究双元驱动力对企业知识创新策略以及企业绩效的影响机理具有非常重要的现实意义。本研究的各项发现和结论,结合中国企业的知识管理情况,总结如下研究启示和对策。

一、政府驱动可以显著提升规模集聚效应,并提升短期利润水平

本研究的假设 H1a 认为双元驱动力与企业利润负相关,但实证结果显示,该假设并未得到验证。实证结果显示,政府驱动与企业的短期绩效之间呈显著的正相关关系。虽然本研究认为该结果无法给出政府驱动与企业利润之间正向促进的因果关系,但通过控制变量的分析可以看出,当前中国企业的规模经济与利润之间的系数较大,且显著性非常高。因此,本研究认为当前中国企业的利润来源主要与规模经济相关,而政府驱动比例高的行业,如石油化工、天然气等需要一定的规模集聚才能盈利的行业,以及航空航天、高铁等高精尖或者基础设施产业,需要集合国家的力量才能创造技术优势并盈利。因此,对于一些需要一定的规模才能生存的行业,或者需要集合国家或集体优势才能突破的高科技领域,政府驱动能够提升其规模集聚,并促进其短期利润水平的提升。

二、要提升企业利润的增长质量,需强化市场驱动力量

国务院 2015 年 9 月 23 日颁布的《国务院关于加快构建大众创业万众创新支撑平台的指导意见》中提出了"充分发挥市场在资源配置中的决定性作用"的指导意见。要想提升企业利润增加的质量,以更低的能耗、更高的科技含量获得更高的利润回报,则需要创造出更有利于市场驱动力量发挥作用的社会环境。通过竞争的传导机制,提高企业内部知识利用的效率,提升知识探索的效果,进而帮助企业获得更高质量的利润增长。

虽然本研究的假设 H1a 未通过验证,实证结果证实说明当前中国企业的双元驱动力和企业利润之间呈现较为显著的正相关关系,回归系数和显著性水平分别为 0.052 和 0.001。但是,这并不能得出政府驱动力促使企业利润增长的结论,本研究的研究结论部分也进行了相关原因的说明。此外,通过控制变量的分析可以看出,目前这一正向的相关关系主要与当前中国企业发展的阶段相关,规模经济仍是当前中国企业获得利润的主要来源。随着科技竞争以及环境污染问题的加剧,这种粗放型的增长模式将变得越来越难以为继,无法实现企业可持续发展的目标。

此外,通过双元驱动力对企业知识策略的影响机理分析以及知识策略对企业营业利润的作用可知,只有提升市场驱动力、降低政府驱动力才能从根本上提升企业的探索倾向。因为政府驱动虽然与探索倾向之间呈现出 U 形曲线关系,即随着政府驱动的增加,企业的探索倾向会呈现先下降后上升的趋势,但依靠政府驱动力,探索倾向的比例基本会保持在 0.4 以下的较低水平上。而高探索倾向比例(超过 0.5)才能带来企业利润的根本性的提升,而这一比例是无法通过提升政府驱动力达到的。因此,本研究认为,要提升企业的利润增长质量,需要进一步加强市场驱动力量,以竞争促进步。

三、提高企业长期成长潜力,需要更多发挥"市场驱动"力量

除了对企业营业利润的作用分析,本研究还选取了企业长期成长潜力的指标来研究双元驱动力的直接作用。实证结果显示,双元驱动力对企业成长潜力的回归系数为 -0.116,显著性水平为 0.01,验证了双元驱动力对企业长期成长潜力的负向作用。双元驱动力对企业营业利润和长期成长潜力之间的相关关系之所以存在显著的差异,一方面得益于国有控股企业的规模效应和预算执行控制体系,短期来看,呈现出与利润的正向关系。但从长远来看,企业的成长价值需要核心竞争力的支撑,需要企业能够不断在市场竞争中获得差异优势。作为成长潜力的支撑要素,只有市场和竞争能够促使企业管理者在战略层面上进行长期的谋划和布局,从目标驱动的角度来说,由于过多的社会性负担以及"竞争替代"效应,政府驱动对企业未来成长潜力的影响是不利的。因此,无论是短期的利润提升质量,还是长期的成长潜力,都需要更多发挥"市场驱动"力量。

四、创新企业发展模式,突破传统知识创新组合框架

通过本研究对知识策略与企业利润之间关系的实证检验可知,探索策略具有投资的特性:短期来看,需要企业从利润中支出一部分进行高风险的实验和探索,会对营业利润造成负向影响;长期来看,则对企业利润具有持续的正向促进作用,这种促进作用在第三年达到最高,略高于第二年的影响。而企业的利用策略则短期会提升企业的营业利润,长期不但不能促进企业利润的提升,反而还会产生潜在的"危害",虽然这一作

用并不显著。而双元知识策略与企业营业利润之间的倒 U 形曲线关系的检验更是给我们带来比较强的冲击,依据图 9-1,当前中国上市公司的知识策略类型普遍属于"低创新的多数",高探索倾向、高利润的企业仍属少数,还有部分企业属于"过度创新者"。由于中国经济起步较晚,大多数企业的发展都是以模仿和追赶起步的,在大多数企业家的心智中,难以突破"贸易—工业—技术"的发展模式,在这种模式下,企业最关注的是市场,在当前市场能够卖出去的前提下,努力提升企业的生产力(即知识利用水平),这也是当前很多制造型企业拼命打价格战、依靠微薄的利润和较高的销量保生存的现实写照。如很多中国的手机品牌,核心元器件主要依赖进口,抢占市场和走出国门的秘诀主要集中在外围的外观设计和高效的组装工艺以及低廉的价格。若要突破这种"低创新、高竞争、低利润水平"的局面,必须改变企业家的心智,改变企业的发展模式为"技术—工业—贸易",只有拥有核心科技,才能将多数竞争者挡在门外,进入强者竞争的行列,变"中国制造"为"中国智造",从根本上改变经济的增长方式。而要实现这一目标,就要遵循双元知识策略与企业利润之间的客观规律,沿着探索倾向的蜕变规律,争取成为"高创新的少数",同时,也要避免盲目"创新",以防成为"过度创新者"。

五、小心"盲目探索",提防"成功陷阱"

本研究通过实证检验验证了企业知识策略的"自我强化"特征。具体来说,企业的探索策略和双元知识策略均具有较强的自我强化特征,且这种自我强化特性逐年降低:企业前一年以及前两年的探索策略依然会对当前企业的探索策略产生显著的正向影响,前一年的影响力远大于前两年的影响力;企业前一年和前两年的双元知识策略也仍然会显著正向地影响企业当前的双元知识策略,前一年的影响力也显著大于前两年的影响。同时,利用策略的自我强化特征未得到证明,具体结果是利用策略的滞后一期项的回归系数为正,但结果并不显著,但滞后两期项的回归系数却显著为负。这一实证结果带给企业管理者的启示是,要小心"盲目探索",同时也要提防当前的"成功陷阱"。

为什么企业要小心"盲目探索",或者说企业中为何会出现探索策略的"自我强化"?企业管理者应如何加以预防?首先,来解答探索策略为何会出现"自我强化"。其原因有二:一方面,企业的运营具有一定的惯性,即"锚定效应"。假如企业今年的研发投入为销售额的 2%,那么在编制明年预算的时候,研发投入的比例会根据企业的运转进行适当的调整,但无论如何,都会锚定在 2%这个比例上下,不会有太大的变动。另一方面,企业的研发投入作为一种投资,是期望未来带来收益的。假如新技术研发成功,为公司带来了预期的收益,这会使管理者认为增加研发投入的决策是正确的,因此,可能会进一步追加研发投入;假如研发失败,又会带来"沉没成本"和"赌徒"效应,管理者可能会认为既然已经投入了这么多了,如果不继续投入,之前的投入就真的打了水漂了,继续追加投入还是有可能打个翻身仗的。因此,无论结果如何,企业可能都会延续之前的惯性思维,维持基本稳定的探索策略。意识到这一现象后,企业管理者应该审时度势,假如研发投入的方向是适应未来发展的,特别是之前的探索投入确实给企业带来了看得见的好处,企业可以进一步强化自己在本领域的优势。反之,则应该适时加以调整,采取正确对待"沉没成本"的态度,小心"盲目探索"。

至于"成功陷阱",则更难提防,需要企业管理者更具高瞻远瞩的战略眼光和魄力。所谓"成功陷阱",即企业的当前优势有可能成为未来发展的"陷阱"。其原因可以归纳为两个方面:一方面,由于当前的科技进步速度快,使得企业当前的优势很可能会遭到淘汰,最典型的案例就是诺基亚和柯达,两个曾经的巨人最后都倒在了自己成功的废墟上。另一方面,当企业处于市场领先者位置时,往往会有一种盲目的自信,仅仅关注当前的市场地位和利润,陶醉在自己的"优势"上故步自封,忽略了对未来成长潜力的挖掘,同时更排斥来自未来趋势的挑战。因此,借用华为创始人任正非的一句话——"没有荣誉感、自豪感,只有危机感",只有保持这种"危机感",不断地进行自我批判和挑战,企业才不会陷入自己的"成功陷阱"。

六、高探索创新、高利润回报才是摆脱低水平竞争的希望所在

通过对知识策略对企业营业利润的回归分析发现,探索策略对企业当期的营业利润虽然具有一定的负向影响,但长期来看,却能够显著正向促进企业营业利润的增长。值得注意的是,探索策略的滞后两期项对利润的回归系数大于滞后一期项的回归系数。由此可见,高风险、高失败率,但同时具有高回报率的探索策略对企业的长期营业利润具有不可替代的作用,其促进作用并不会逐渐减弱,反而会逐年增强。而利用策略则对企业的当年利润具有显著的正向促进作用,其滞后一期和滞后两期项的回归系数均为不显著的负向作用,说明见效较快、成本较小的利用策略对企业的短期营业利润起到了有效的促进作用,但长期来看,有可能带来"成功陷阱",即单一的利用策略会使企业高管关注企业的短期绩效,而忽视了对长期发展潜力的关注。最值得关注的是企业双元知识策略与企业营业利润之间的倒 U 形曲线关系,从散点拟合图(图 8-8)来看,当前中国上市公司大部分仍处在低创新、低利润率的恶性竞争中,而只有少数企业的双元知识策略突破了 0.5,并且其利润回报明显高于大部分的低创新者,所以,从这个角度来说,本研究认为,提升当前中国上市公司的探索倾向比例,达到图 9-1 中的"高创新的少数",以高科技含量、高利润回报带动企业的利润增长,才是使企业摆脱低水平竞争的希望所在。特别是在人口、资源和环境矛盾日益增大的今天,单纯依靠自然资源的消耗和廉价劳动力的比较优势来积累资本、换取技术和投资,已经难以为继。互联网时代,新创立的企业再也难以靠复制改革开放初期的发展模式来换取成长,唯有重视核心技术的开发,掌握核心竞争力,才能在全球化时代赢得竞争,掌握主动权。

七、企业的知识管理需要兼顾探索策略和利用策略

之所以提出"企业的知识管理需要兼顾探索策略和利用策略"这样的观点,是基于两个重要的发现:第一,对知识策略与企业营业利润之间关系的发现。本研究通过实证检验发现,探索策略能够促进企业未来营业利润增加,同时,利用策略则对企业当期的营业利润具有显著的正向促进作用。单单从这一点来看,企业不能偏执于任何一种知识策略,两者需要兼顾。只重视探索策略,企业当下的生存难以保障,更无法谈发展;只关注利用策略,当下的生存问题解决了,但难以保障持续的成功。所以,从盈利的角度来看,企业需要兼顾探索策略和利用策略,不可偏颇。第二,对知识策略在双元驱动力和企业利润之间中介作用的检验中发现,单一知识策略起到部分中介作用,而双元知识策略则起到了完全中介作用。从知识管理的角度,驱动力量通过掌握企业核心资源的分配和关键活动的组织来落实其目标。在知识经济时代,企业无论是在研发、生产、销售或日常管理中,无一不涉及企业知识管理策略的落实。探索策略或者利用策略,都只能反映知识管理的一个方面,只有形成合力,才能将知识管理的作用发挥出来。因此,企业的日常运营与管理,采取双元知识策略,才能保障知识管理策略作用的正常发挥。

八、注意发挥"探索创新"对企业未来成长的持续促进作用

知识策略对企业营业利润具有直接的影响,同样,知识策略对企业长期成长潜力也具有直接的作用。通过实证检验,本研究发现,无论是探索策略还是利用策略都对企业的未来成长潜力具有正向显著的影响。区别在于,探索策略的正向作用会延续到第二年,作用力逐年递减;利用策略的长期影响是不显著的;双元知识策略的当期值以及滞后一期值均显著正向地影响企业的成长潜力,作用强度也是逐年递减的。基于以上关系的检验,本研究认为,企业要具备长期的成长潜力,就必须要重视探索策略。探索策略的执行,虽然在短期损失了企业的营业利润,但长期来看,无论是对企业的营业利润还是对长期成长潜力,都具有持续的边际效用。探索策略的实质是一种投资,投资于未来的成长和优势。而重视未来可持续发展的企业,也会得到市场和投资者的认可,进而吸引更多的价值投资,对企业发展而言,具有不可替代的重要作用。但这并不意味着企业的探索行动越多越好,还是要遵循知识策略对企业利润作用的客观规律,小心"盲目探索"。

九、"健康成长"需要企业在双元知识策略中寻找"平衡"

通过对知识策略在双元驱动力与企业营业利润之间的中介作用检验,本研究提出企业需要兼顾"探索策略和利用策略"。而通过对知识策略在双元驱动力与企业成长潜力之间中介作用的检验,本研究认为,企业要"健康成长",也需要兼顾两者之间的关系,

并依据公司的战略定位,寻找属于自己的"双元平衡策略"。

"健康成长"意味着企业不仅具备当前的盈利能力,同样,在未来竞争环境改变时也具有优秀的盈利能力。这表明企业管理者需要开展利用活动来为当前的企业运作提供资金来源;竞争环境改变时,企业也能够通过探索活动发现未来的支撑点,两者缺一不可。但同时,考虑到人们对未来的关注,持续地探索将有助于提升企业面临未来竞争的能力,这种促进作用将会持续到第二年甚至更远。而利用策略虽然只能促进企业当期的营业利润,但探索策略会为企业持续提供利用的基础,进而促使企业持续成长。因此,持续地产生利润的能力需要双元知识策略的协同力量。而通过双元知识策略与企业利润之间的关系研究可知,适当提升探索策略,有助于企业提升盈利能力,帮助企业跨越竞争区域,进入更高一级的竞争队伍。在这个"高创新的少数"中,由于技术门槛,竞争者将变得更少,竞争的科技含量也会更高进而达到强者之间的对决。因此,兼顾双元知识策略是共识,但如何寻找企业自身的"双元平衡策略"则取决于企业当前的竞争优势以及战略规划。

十、注意时代进步力量,引领科技进步步伐

不可否认,随着时代的变迁,科技创新的速度越来越快。这点也在本研究有关双元驱动力对企业知识策略影响的时间效应中得到了验证。虽然,中国上市公司的探索倾向比例普遍不高,在政府驱动力量的影响下,探索倾向的比例数值大多集中在 0.4 以下,但通过 17 年的观察数据检验,逐渐增强的时间效应同样传达出一个信息:中国上市公司对企业知识策略的重视程度与日俱增,企业之间竞争的科技含量也越来越高。但不可否认的是,由于发展历史的原因,利用策略仍是当前中国上市公司最为看重并依赖的知识策略。但随着传统优势的逐步丧失,粗放型的经济增长模式将难以持续,企业只有抛弃以规模、资源和低廉的劳动力为基础的科技依赖型生产模式,转而重视新技术的开发和可持续能源的利用,才能在全球环境保护的大趋势下得以生存发展。在当前大力推进供给侧改革的今天,企业只有意识到这一点,才能在改革之路上找到属于自己的位置,也只有跟上甚至引领时代的步伐,企业才能永远立于不败之地,持续地发挥价值创造的能力。企业是一个国家经济发展的发动机,"大众创业,万众创新",只有发挥企业家的活力,才能换来更具活力和创新精神的企业,企业与社会才能步入融合与促进的良性循环之路。

第三节 研究创新和不足

本研究通过实证研究分析了中国上市公司双元驱动力、知识策略和企业绩效之间

的作用机理。本研究在知识管理的视角下对企业知识策略发挥作用的机制进行了研究,并综合考量了其对企业不同绩效的影响机理。在主效应分析的基础上,本研究还考量了双元驱动力对企业知识策略影响的时间效应。综合而言,本研究具有如下几方面的研究创新和不足。

一、研究创新

本研究首创性地采用了大样本文本分析的方法来测度企业的双元知识策略,并结合上市公式的运用数据对双元驱动力、知识策略和企业绩效之间的作用机理进行了分析,综合而言,本研究的创新之处可以概括为以下五个方面。

(一)细化了企业双元驱动力的测量并探讨了其对企业知识管理的作用机理

本研究以企业具体的国有企业持股比例表征政府驱动力的大小,区别于传统研究中简单地将企业性质归为国有企业或非国有企业的类别变量判断方法。本研究不但能够具体地反映出不同企业的双元驱动力大小对企业知识策略变化的影响机制,同时也反映同一家企业由于企业改制、双元驱动力随着时间的变化对企业知识策略产生的动态变化过程。政府驱动力量的大小与企业内市场驱动力量的大小拟合为此消彼长、总和为1的线性关系,来表征企业内部双元驱动力的大小,同时建立了其与企业知识策略之间的影响模型。通过对目标驱动理论、知识管理理论、企业学习理论的梳理和归纳,建立了本研究的理论模型,并通过大样本二手数据进行模型的实证检验,为中国企业的知识创新理论提供了全新的理论解释视角。

(二)构建并检验了双元驱动力对企业绩效的影响机理模型

本研究构建了双元驱动力、知识策略和企业绩效之间的理论模型。双元驱动力通过企业的知识管理策略的部署间接影响企业的绩效。本文将知识策略分为两个维度:探索策略和利用策略,并利用探索倾向,即探索策略在总体策略中的占比来表征企业的双元知识策略来探讨其对企业绩效的影响机理。本研究基于目标驱动理论和知识管理理论来分析三者之间的作用机理。加深了当前企业知识管理理论的研究深度,拓展了企业知识创新策略的认知范围。

(三)探索了企业知识策略的文本测量维度和作用机制

现有研究对企业探索和利用知识策略的测量尚处于起步阶段,相关研究主要受限于样本数据的可得性。目前关于企业知识策略的研究或停留在理论的框架研究上,或以调查问卷为主进行相关的实证研究。此类实证研究主要应用相关题项对企业高管进行问卷调研,而此方法限于调研范围和精力,一般调查量仅为数百份的规模,调查范围往往集中在某一个区域的某一类企业,如长三角、珠三角或京津冀等区域的制造类企业或新成立的高科技企业,难以涵盖上千家企业,调查问卷的方式难以摆脱被调查人单方面的主观判断或臆断,难以客观真实反映企业的经营状况。采用二手数据则克服了调查问卷带来的以上问题。本研究借鉴沃蒂拉(Uotila,2008)的研究方法,以文本分析的方法对企业的知识策略进行统计。此方法是当前可以实现大样本数据分析的较好的方法。但受限于文本分析的技术难度,在国内尚未得到广泛使用。此外,本研究还结合中国企业的现状和语言差异,对具体的文本分析内容进行了重新的提炼和改进,以适合中文的使用习惯。通过两个维度的知识策略和混合的双元知识策略的分类,本研究对三类知识策略的作用机制和中介作用机理进行了分析,以探索它对企业绩效的影响机制。本研究发现,双元知识策略在双元驱动力与企业绩效之间起到完全中介作用,并具有较为明显的时间效应,这也提示企业需要关注外部技术进步,并适时在探索策略和利用策略之间寻找有效的市场定位和平衡策略,更好地提升企业的知识竞争策略。

(四)对企业绩效指标选择的创新

本研究关于企业绩效的衡量既包含了体现企业短期绩效的营业利润,又包含了体现企业长期成长潜力的托宾 Q 值。这两项指标一个是较为客观的定量指标,一个则偏向于主观的价值评价。区别于以往的单一创新指标,如仅以企业发明专利来体现企业的创新绩效,或者仅以定性或定量的主观评价为企业绩效的测评指标,本研究的绩效指标设定对企业运营结果的评价更为全面和有效。

(五)研究数据选择的创新

本研究选择中国上市公司 2003 年至 2019 年共 17 年的企业运营数据,并综合以公司当年度的报告中能够反映"探索"和"利用"类型的活动进行文本分析得出的企业知识策略数据进行模型的实证检验。此方法在当前中国的知识策略研究中具有一定的首创性和前沿性。此方法具有两个优点:一是可以进行大样本的实证检验;二是可以克服问卷调查数据带来的样本选择偏差和主观评价的偏颇,进而为中国企业的双元驱动力、知识策略选择和企业绩效带来更为客观和有效的检验结果。在此基础上总结出的企业知识策略管理启示和对策,有助于推动中国企业知识创新策略的总结和提升。

二、研究不足

本研究试图验证中国上市公司双元驱动力量、知识策略和企业绩效之间的作用机理,研究过程中虽力求客观严谨,但仍有诸多限制因素会影响对实际情况的把控,主要研究不足主要表现如下。

（一）弱化了市场驱动力测量的局限性

本研究中有关"驱动力量"的设定包含两个：一个是代表政府驱动力的国有持股比例；另一种驱动力量则是"市场驱动力"。本研究将两种驱动力量简化为了总和为 1 的此消彼长的简单线性关系，虽然从一定程度上可以表征出两种力量的大小关系，但这种测量方法却弱化了市场驱动力本身的作用。无法解答同样都是国有持股比例为零的民营企业之间的驱动力量的差异性。市场驱动力的大小差异及其对企业知识策略选择的影响也难以在本研究中得到体现。

（二）知识策略分析文本选择的限制

本研究中对知识策略的测量借鉴了沃蒂拉（Uotila，2008）的方法，选取了各上市公司发布的年度报告为素材，以表征"探索"和"利用"两种策略行动的各 16 个词汇进行文本分析，并以词汇出现的频率作为企业知识策略的表征。这一做法虽然能够较为客观地反映企业知识策略的倾向和差异，但总体而言，由于本研究涵盖的公司样本和年度容量较大，为了能够进行横向的对比，只选取了当年度公司的年度报告作为文本分析的基础，无法也不能就某一家公司所发布的文本或报告进行更全面的分析，故本研究的知识策略测度方法可以进行大规模的横向比较，但对某一公司具体的知识策略的测度而言是不够全面和细致的，这在一定程度上可能会对研究结果产生偏差。

（三）有效数据披露的限制

本研究除了知识策略的文本分析数据和企业年龄数据是通过其他材料进行补充的以外，其余数据均来自国泰安数据库的上市公司统计数据，其中有关企业研发支出比例的数据相对来说汇报量有限，虽然总样本接近两万个，但实际模型中参与回归的样本数据往往只有几千个，虽然相比于一般调查问卷的几百份样本量来说有所改进，但限于二手数据样本的完整性，模型回归结果会在一定程度上受到影响，可能会影响到实证研究结果的精准性。

第四节　未来研究方向

虽然本研究对中国上市公司双元驱动力、知识策略和企业绩效之间的作用机理进行了较为全面的分析，考察了双元驱动力与企业知识策略之间的时间效应，并基于实证研究结论提出了一系列提升企业知识管理水平和绩效的启示和对策建议，但由于企业知识管理影响因素的多样化和知识策略管理的复杂性，加之研究时间和条件的限制，本研究不可避免会存在一定的局限性,很多研究内容仍需要进一步深入和探讨。总体而言,进一步的研究方向可以从以下三个方面进行深入和具体。

一、进一步丰富"双元知识策略"的测量方法和文本资料的来源广度

当前研究对双元知识策略的测量方法主要有两类:一类是对企业公开资料的内容分析方法;一类是采用相关题项进行的问卷调查法。就本研究采用的内容分析法而言,具有两种优势,一个是适合于进行大样本分析,另一个则是分析数据较为客观真实。但就具体的计算方法而言,目前学界对双元知识策略均衡的测度方法仍不统一,沃蒂拉(Uotila)等人采用了探索倾向(探索策略占所有知识策略的比重)来表征企业的双元知识策略,但此方法仍有局限性。比如同样都是 0.5 的比例,公司 A:5/(5+5),公司 B:80/(80+80)。单从探索倾向的比例来看,两家公司都达到了 1:1 的均衡状态,即两家公司对探索策略和利用策略都同样重视,但从重视程度来看,两家公司的差异还是比较明显的,显然公司 B 在两种知识策略上都投入了更多的资源,组织了更多的活动,两者的均衡并不在同一水平上。即使采用王凤彬等人提出的 $1-|x-y|/(x+y)$ 有机平衡观的表达式,依然无法解决不同水平下的均衡问题。另一个局限则是不同的研究者会基于公司发布的不同素材进行内容分析,难以进行横向比较。有的研究者以公司一定年度内所有的新闻报道为文本分析的素材,有的研究者则采用公司网站发布的文章为素材。不同的素材具有不同的报道风格,因此,很难在不同的研究中进行横向的对比。鉴于以上分析,未来的研究者可以在双元知识均衡的测度和素材选取方便进行更深入的分析和探讨。

二、进一步追踪中国企业双元知识策略的动态变化特性

中国企业的知识管理策略是一个比较前沿的选题,很多西方的基础理论虽然可以借鉴,但毕竟无法完全适应中国的特殊国情。本研究在综合分析中国企业双元驱动力的特殊情况之下,剖析了双元驱动力对企业知识策略和企业绩效的影响机制。但本书的研究仍然属于较为初步的探索,对于企业的双元知识策略的配置和转换,仍有很多未解的"谜题",需要更多的学者投入更多精力加以深入。比如行业领先者和跟随者在部署双元知识策略时是否存在差异?企业的双元知识策略是以间断式分布还是以连续式分布?企业开展双元知识策略是否存在行业的显著差异性?同样是行业领先者的民营企业和国有企业在开展双元知识策略时会有何种差异?很多问题仍需要学者和企业家进行更深入的探究,以提出更多的体现中国特色的创新理论,加深知识管理领域研究的广度和深度。

三、进一步丰富其他调节变量作用机理的探讨

本研究试图通过大样本的实证分析,验证中国上市公司中双元驱动力、知识策略和

企业绩效之间的作用机理。这一研究虽然可以从总体上把握中国上市公司的规律,但研究数据的"大"势必隐藏了很多未发掘的潜在的影响因素,如不同的行业、规模,或者新成立企业的特殊性均未能在本研究中得到体现。为了进一步厘清不同驱动力量、知识策略和企业绩效之间的更细化的作用机理,还需要本领域的研究者寻找新的突破点和创新点,对本领域的其他影响因素和作用机制进行更全面和细致的探讨。本研究虽然探讨了双元驱动力对企业知识策略影响的总体时间效应,但根据中国经济发展的不同时期,还可以将这一时间效应与社会的科技进步力量相联系,寻找具体的、更直接的影响因素。因此,未来研究可以在本研究的整体框架下进一步细化相关调节变量的影响机理。

参考文献 | REFERENCES

[1] 白俊红,李婧.政府R&D资助与企业技术创新:基于效率视角的实证分析[J].金融研究,2011(6):181-193.

[2] 曹霞,邢泽宇,张路蓬.基于政府驱动的新能源汽车产业合作创新演化博弈研究[J].运筹与管理,2018,27(6):21-30.

[3] 陈钦源,马黎珺,伊志宏.分析师跟踪与企业创新绩效:中国的逻辑[J].南开管理评论,2017,20(3):15-27.

[4] 陈爽英,井润田,龙小宁,等.民营企业家社会关系资本对研发投资决策影响的实证研究[J].管理世界,2010(1):88-97.

[5] 陈文沛.市场导向、创新与核心能力:路径和机制[J].中国科技论坛,2013(12):24-30.

[6] 陈晓萍,徐淑英,樊景立.组织与管理研究的实证方法[M].北京大学出版社,2008.

[7] 陈颖.我国图书情报界关于知识管理研究的现状及其展望[J].图书情报知识,2002(1):29-30.

[8] 邓建平,饶妙,曾勇.市场化环境、企业家政治特征与企业政治关联[J].管理学报,2012,9(6):936-942.

[9] 邓建平,曾勇.金融关联能否缓解民营企业的融资约束[J].金融研究,2011(8):78-92.

[10] 邓建平,曾勇.政治关联能改善民营企业的经营绩效吗[J].中国工业经济,2009(2):98-108.

[11] 付丙海,谢富纪,韩雨卿.创新链资源整合、双元性创新与创新绩效:基于长三角新创企业的实证研究[J].中国软科学,2015(12):176-186.

[12] 苟燕楠,董静.风险投资背景对企业技术创新的影响研究[J].科研管理,2014,35(2):35-42.

[13] 郭杰,郭琦.信贷市场有限竞争环境中财政引发的国有部门投资的宏观影响:基于扩展RBC模型的研究[J].管理世界,2015(5):28-40.

[14] 胡畔,于渤.跨界搜索、能力重构与企业创新绩效:战略柔性的调节作用[J].研究与发展管理,2017,29(4):138-147.

[15] 胡旭阳,史晋川.民营企业的政治资源与民营企业多元化投资:以中国民营企业500强为例[J].中国工业经济,2008(4):5-14.

[16] 黄大禹,谢获宝,邹梦婷.企业地产投资对企业技术创新的影响:基于政府和市场的双重动机分析[J].科技管理研究,2022,42(15):123-138.

[17] 黄少安.国有企业改革40年:阶段演化、理论总结与未来思考[J].江海学刊,2018(5):99-106.

[18] 黄新建,唐良霞.政治关联、信贷资源获取与投资效率:基于中国上市公司的实证研究[C]//中国会计学会.中国会计学会2013年学术年会论文集,2013:20.

[19] 黄赜琳,王敬云.地方保护与市场分割:来自中国的经验数据[J].中国工业经济,2006(2):60-67.

[20] 贾慧英,王宗军,曹祖毅.探索还是利用?探索与利用的知识结构与演进[J].科研管理,2019,40(8):113-125.

[21] 江雅雯,黄燕,徐雯.政治联系、制度因素与企业的创新活动[J].南方经济,2011(11):3-15.

[22] 蒋春燕,赵曙明.组织冗余与绩效的关系:中国上市公司的时间序列实证研究[J].管理世界,2004(5):108-115.

[23] 焦豪.双元型组织竞争优势的构建路径:基于动态能力理论的实证研究[J].管理世界,2011(11):76-91,188.

[24] 蓝海林,张明,宋铁波."摸着石头过河":动态与复杂环境下企业战略管理的新诠释[J].管理学报,2019,16(3):317-324.

[25] 李传宪,彭惠娟.政府补贴对企业双元创新绩效影响研究:基于重庆地区上市公司经验数据[J].财会通讯,2019(24):85-89.

[26] 李春涛,宋敏.中国制造业企业的创新活动:所有制和CEO激励的作用[J].经济研究,2010(5):55-67.

[27] 李健,陈传明,孙俊华.企业家政治关联、竞争战略选择与企业价值:基于上市公司动态面板数据的实证研究[J].南开管理评论,2012,15(6):147-157.

[28] 李莉,高洪利,顾春霞,等.政治关联视角的民营企业行业进入选择与绩效研究:基于2005—2010年民营上市企业的实证检验[J].南开管理评论,2013,16(4):94-105.

[29] 李玲,陶厚永.纵容之手、引导之手与企业自主创新:基于股权性质分组的经验证据[J].南开管理评论,2013,16(3):69-79+88.

[30] 李凌已,胡平.创新极:大学在国家创新体系中的定位[J].中国青年科技,2005(10):58-60.

[31] 李忆,司有和.探索式创新、利用式创新与绩效:战略和环境的影响[J].南开管理评论,2008,11(5):4-12.

[32] 李玉婷,余熙.政府引导基金与高技术产业绿色创新:绩效评价及作用机制研究[J].技术经济与管理研究,2023(9):7-11.

[33] 梁莱歆,冯延超.民营企业政治关联、雇员规模与薪酬成本[J].中国工业经济,2010(10):127-137.

[34] 林筠,高霞,张敏.利用性与探索性创新对知识型企业创新绩效的双元驱动[J].软科学,2016,30(5):59-63.

[35] 凌鸿,赵付春,邓少军.双元性理论和概念的批判性回顾与未来研究展望[J].外国经济与管理,2010,32(1):25-33.

[36] 刘凤委,张人骥,崔磊磊.地区市场化进程、市场分割与公司关联交易行为[J].财经研究,2007(6):43-54.

[37] 刘慧龙,张敏,王亚平,等.政治关联、薪酬激励与员工配置效率[J].经济研究,2010,45(9):109-121,136.

[38] 刘建国.政府和市场参与众创空间创设的生态机制:基于全国52个市级行政区域的证据[J].华东经济管理,2018,32(7):55-64.

[39] 刘青松,肖星.败也业绩,成也业绩:国企高管变更的实证研究[J].管理世界,2015(3):151-163.

[40] 刘咏梅,王琦,彭连刚.中国知识管理研究现状综述与趋势分析[J].研究与发展管理,2009,21(2):31-38.

[41] 刘云,李正风,刘立,等.国家创新体系国际化理论与政策研究的若干思考[J].科学学与科学技术管理,2010,(3):61-67.

[42] 刘运国,刘雯.我国上市公司的高管任期与R&D支出[J].管理世界,2007(1):128-136.

[43] 陆铭,陈钊.公有制理想的代价:腐败与企业转制的中国案例[J].国有经济评论,2009,1(1):111-126.

[44] 路甬祥.建设面向知识经济时代的国家创新体系[N].光明日报,1998-02-06.

[45] 吕冲冲,林冬冬,欧建猛.外部搜寻策略对突破式创新绩效影响的研究:知识特征和实际吸收能力的调节作用[J].海南大学学报(人文社会科学版),2023,41(3):161-172.

[46] 马德辉.创新"知识基础观"[J].情报杂志,2007(10):107-110.

[47] 孟猛猛,陶秋燕,雷家骕.企业社会责任与企业成长:技术创新的中介效应[J].研

究与发展管理,2019,31(3):27-37.

[48] 聂辉华,谭松涛,王宇锋.创新、企业规模和市场竞争:基于中国企业层面的面板数据分析[J].世界经济,2008(7):57-66.

[49] 牛盼强,谢富纪.综合型知识基础与解析型知识基础的比较研究[J].科学学研究,2011,29(1):25-30.

[50] 潘红波,夏新平,余明桂.政府干预、政治关联与地方国有企业并购[J].经济研究,2008(4):41-52.

[51] 潘越,戴亦一,吴超鹏等.社会资本、政治关系与公司投资决策[J].经济研究,2009,44(11):82-94.

[52] 彭雪.市场驱动创新体系法律制度研究[J].法制博览,2016(27):199+198.

[53] 邱均平,段宇锋.论知识管理与竞争情报[J].图书情报工作,2000(4):11-15.

[54] 沈坤荣,孙文杰.市场竞争、技术溢出与内资企业R&D效率:基于行业层面的实证研究[J].管理世界,2009(1):38-48,187-188.

[55] 舒俊.创新理论的发展演变[J].创新科技,2017(1):29-32.

[56] 孙华,丁荣贵,王楠楠.研发团队共享领导力行为的产生和对创新绩效的作用:基于垂直领导力的影响[J].管理科学,2018,31(3):17-28.

[57] 孙家胜,刘路明,陈力田.知识动态能力研究进展及前沿演进可视化分析[J].科技进步与对策,2019,36(14):151-160.

[58] 唐健雄,李允尧,黄健柏.组织学习对企业战略转型能力的影响研究[J].管理世界,2012(9):182-183.

[59] 唐清泉,易翠.高管持股的风险偏爱与R&D投入动机[J].当代经济管理,2010,32(2):20.

[60] 滕越洋,李成友.国企高管的"准政治锦标赛"研究:基于地方官员政绩压力的视角[J].山西财经大学学报,2019,41(9):77-96.

[61] 王凤彬,陈建勋,杨阳.探索式与利用式技术创新及其平衡的效应分析[J].管理世界,2012(3):96-112,188.

[62] 王林,沈坤荣,吴琼,秦伟平.探索式创新、利用式创新与新产品开发绩效关系:环境动态性的调节效应研究[J].科技进步与对策,2014,31(15):24-29.

[63] 王舒阳,魏泽龙,宋茜等.知识搜索与突破式创新:产品创新策略的调节作用[J].科技进步与对策,2020,37(1):137-145.

[64] 王贤彬,徐现祥,周靖祥.晋升激励与投资周期:来自中国省级官员的证据[J].中国工业经济,2010(12):16-26.

[65] 王旭超,郭琦,闫永芳.跨界搜索行为对企业创新绩效的影响:基于互联网企业的扎根研究[J].科技管理研究,2018,38(5):124-134.

[66] 王永贵,张玉利,杨永恒.对组织学习、核心竞争能力、战略柔性与企业竞争绩效的理论剖析与实证研究:探索中国企业增强动态竞争优势之路[J].南开管理评论,2003(4):54-60.

[67] 王永进,盛丹.政治关联与企业的契约实施环境[J].经济学,2012,11(4):1193-1218.

[68] 魏江,邬爱其,彭雪蓉.中国战略管理研究:情境问题与理论前沿[J].管理世界,2014(12):167-171.

[69] 魏礼群.新中国70年经济社会发展回顾与思考[J].求是,2019(19):62-67.

[70] 温军,冯根福.异质机构、企业性质与自主创新[J].经济研究,2012,47(3):53-64.

[71] 温忠麟,张雷,侯杰泰,刘红云.中介效应检验程序及其应用[J].心理学报,2004(5):614-620.

[72] 吴晓波,章威.对技术依存度的再认识[J].浙江经济,2007(04):12-13.

[73] 向刚,可星.论企业持续创新过程的制度创新与制度环境[J].经济问题探索,2001(11):37-43.

[74] 肖丁丁,朱桂龙.跨界搜寻对组织双元能力影响的实证研究:基于创新能力结构视角[J].科学学研究,2016(7):1076-1085.

[75] 徐业坤,钱先航,李维安.政治不确定性、政治关联与民营企业投资:来自市委书记更替的证据[J].管理世界,2013(5):116-130.

[76] 许晖,许守任,王睿智.网络嵌入、组织学习与资源承诺的协同演进:基于3家外贸企业转型的案例研究[J].管理世界,2013(10):142-155.

[77] 许年行,江轩宇,伊志宏,等.政治关联影响投资者法律保护的执法效率吗?[J].经济学,2013,12(2):373-406.

[78] 薛光明.创新理论的发展与反思:一个理论综述[J].经济论坛,2017(12):145-151.

[79] 薛晓光,宋旭超.国家创新体系文献述评[J].产业经济评论,2016(5):82-92.

[80] 闫华飞,孙元媛.双元创业学习、创业拼凑与新企业成长绩效的关系研究[J].管理学刊,2019,32(3):41-51.

[81] 杨其静.企业成长:政治关联还是能力建设?[J].经济研究,2011,46(10):54-66,94.

[82] 杨瑞龙,王元,聂辉华."准官员"的晋升机制:来自中国央企的证据[J].管理世界,2013(3):23-33.

[83] 杨学儒,李新春,梁强,李胜文.平衡开发式创新和探索式创新一定有利于提升企业绩效吗[J].管理工程学报,2011,25(4):17-25.

[84] 游家兴,徐盼盼,陈淑敏.政治关联、职位壕沟与高管变更:来自中国财务困境上市公司的经验证据[J].金融研究,2010(4):128-143.

[85] 于蔚,汪淼军,金祥荣.政治关联和融资约束:信息效应与资源效应[J].经济研究,

2012,47(9):125-139.

[86] 袁建国,后青松,程晨.企业政治资源的诅咒效应:基于政治关联与企业技术创新的考察[J].管理世界,2015(1):139-155.

[87] 曾德明,陈培祯.企业知识基础、认知距离对二元式创新绩效的影响[J].管理学报,2017,14(8):1182-1189.

[88] 曾庆生,陈信元.国家控股、超额雇员与劳动力成本[J].经济研究,2006(5):74-86.

[89] 张峰,刘侠.外部知识搜寻对创新绩效的作用机理研究[J].管理科学,2014(1):31-42.

[90] 张洪辉,王宗军.政府干预、政府目标与国有上市公司的过度投资[J].南开管理评论,2010,13(3):101-108.

[91] 张洪辉,夏天,王宗军.公司治理对我国企业创新效率影响实证研究[J].研究与发展管理,2010,22(3):44-50.

[92] 张敏,黄继承.政治关联、多元化与企业风险:来自我国证券市场的经验证据[J].管理世界,2009(7):156-164.

[93] 张敏,吴联生,王亚平.国有股权、公司业绩与投资行为[J].金融研究,2010(12):115-130.

[94] 张前程,杨德才.政府驱动还是回报率诱导:对地区投资行为决定因素的实证分析[J].山西财经大学学报,2018,40(2):1-14.

[95] 张维迎.国企不能建立有效公司治理[J].中国证券期货,2014(4):64-65.

[96] 张维迎.中国经济增速放缓如何转向创新[J].上海企业,2019(1):63.

[97] 张文红,赵亚普,陈爱玲.外部研发机构联系能否提升企业创新:跨界搜索的中介作用[J].科学学研究,2014(2):289-296.

[98] 张文红,赵亚普.组织冗余与制造企业的服务创新[J].研究与发展管理,2015,27(5):78-87.

[99] 张泳.基于制度理论和战略管理的制度战略研究[J].当代财经,2007(3):67-70+80.

[100] 张玉利,李乾文.双元型组织研究评介[J].外国经济与管理,2006(1):1-8.

[101] 张振刚,李云健,余传鹏.利用式学习与探索式学习的平衡及互补效应研究[J].科学学与科学技术管理,2014,35(8):162-171.

[102] 赵蓉英,余慧妍,李新来.国内外知识管理系统研究态势(2009—2018)[J/OL].图书馆论坛,http://kns.cnki.net/kcms/detail/44.1306.G2.20190828.1103.002.html

[103] 郑小平.国家创新体系研究综述[J].科学管理研究,2006(4):1-5.

[104] 郑志刚,李东旭,许荣.国企高管的政治晋升与形象工程:基于N省A公司的案例研究[J].管理世界,2012(10):146-156,188.

[105] 周黎安.晋升博弈中政府官员的激励与合作：兼论我国地方保护主义和重复建设问题长期存在的原因[J].经济研究,2004(6)：33-40.

[106] 周黎安.中国地方官员的晋升锦标赛模式研究[J].经济研究,2007(7)：36-50.

[107] 周铭山,张倩倩."面子工程"还是"真才实干"：基于政治晋升激励下的国有企业创新研究[J].管理世界,2016(12)：116-132,187-188.

[108] 周雪光.组织社会学十讲[M].北京：社会科学文献出版社,2003.

[109] 朱朝晖,陈劲.探索性学习和挖掘性学习：对立或协同[J].科学学研究,2008(5)：1052-1060.

[110] 朱桂龙.产学研与企业自主创新能力提升[J].科学学研究,2012(12)：5-6.

[111] ADLER P S, LEVINE G D I. Flexibility versus Efficiency? A Case Study of Model Changeovers in the Toyota Production System[J]. Organization Science, 1999, 10(1)：43-68.

[112] AHUJA G. Collaboration Networks, Structural Holes, and Innovation：A Longitudinal Study[J]. Administrative Science Quarterly, 2000(45)：425-455.

[113] ALLEN F.Strategic Management and Financial Markets[J].Strategic Management Journal,1993(14)：11-22.

[114] AMIDON D M. The Innovation Superhighway：Harnessing Intellectual Capital for Sustainable Collaborative Advantage[M]. Amsterdam, Boston：Butterworth-Heinemann, 2003.

[115] ASHEIM B T, COENEN L. Contextualising Regional Innovation Systems in a Globalising Learning Economy：On Knowledge Bases and Institutional Frameworks[J]. The journal of technology transfer, 2006, 31(1)：163-173.

[116] ATUAHENE G K. An Exploratory Analysis of the Impact of Market Orientation on New Product Performance[J]. Journal of Product Innovation Management, 1995(12), 275-293.

[117] ATUAHENE G K. Murray J Y. Exploratory and Exploitative Learning in New Product Development：A Social Capital Perspective on New Technology Ventures in China[J]. Journal of International Marketing, 2007, 15(2)：1-29.

[118] ATUAHENE G K. Resolving the Capability-Rigidity Paradox in New Product Innovation[J]. Journal of Marketing, 2005, 69(4), 61-83.

[119] AUH S, MENGUC B. Balancing exploration and exploitation：The moderating role of competitive intensity[J]. Journal of Business Research, 2005, 58(12)：1652-1661.

[120] AUTY R. Sustaining Development in Mineral Economies：The Resource Curse

Thesis[M]. Routledge, London. 1993.

[121] BAI C E, XU L C. Incentives for CEOs with multitasks: Evidence from Chinese state-owned enterprises[J]. Journal of Comparative Economics, 2005, 33(3): 517-539.

[122] BAKER W E, SINKULA J M. The synergistic effect of market orientation and learning orientation on organizational performance[J]. Journal of the Academy of Marketing Science, 1999, 27(4): 411.

[123] BARBARA L, JAMES M. Organizational Learning[J]. Annual Review of Sociology, 1988(14): 319-338.

[124] BARKEMA H G, SCHIJVEN M. Towards unlocking the full potential of acquisitions: The role of organizational restructuring[J]. Academy of Management Journal, 2008. 51(4): 696-722.

[125] BARNEY J B. Firm Resource and Sustained Competitive Advantage[J]. Journal of Management, 1991, 17(1): 99-120.

[126] BECKER-BLEASE J R. Governance and innovation[J]. Journal of Corporate Finance, 2011, 17(4): 947-958.

[127] BECKMAN C M, HAUNSCHILD P R, PHILLIPS D J. Friends or strangers? Firm-specific uncertainty, market uncertainty, and network partner selection[J]. Organization Science, 2004(15): 259-275.

[128] BENFRATELLO L, SCHIANTARELLI F, SEMBENELLI A. Banks and innovation: Microeconometric evidence on Italian firms[J]. Journal of Financial Economics, 2008, 90(2): 197-217.

[129] BERNADETTE A C, QIAN W. EU Foreign Direct Investment and Technology Transfer in Asia: China and India compared[J]. Palgrave Macmillan UK, 1999.

[130] BIERLY P, CHAKRABARTI A K. Generic Knowledge Strategies in the US Pharmaceutical Industry[J]. Strategic Management Journal, 1996(17): 123-135.

[131] BIERLY P E, DALY P S. Alternative Knowledge Strategies, Competitive Environment, and Organizational Performance in Small Manufacturing Firms[J]. Entrepreneurship Theory and Practice, 2007, 31(4): 493-516.

[132] BIRKINSHAW J, GUPTA K. Clarifying the Distinctive Contribution of Ambidexterity to the Field of Organization Studies[J]. Academy of Management Perspectives, 2013, 27(4): 287-298.

[133] BLINDENBACH D F, GEERTS A. Achieving a balance between exploration and exploitation in service firms: A longitudinal study[J]. Academy of

Management Proceedings, 2010.

[134] BROWN J R, MARTINSSON G, PETERSEN B C. Law, Stock Markets, and Innovation[J]. The Journal of Finance, 2013, 68(4): 1517-1549.

[135] BROWN S L. EISENHARDT K. Competing on the Edge[M]. Harvard Business School Press, Boston. 1998.

[136] BURTON M D, O'REILLY C A, BIDWELL M J. Management Systems for Exploration and Exploitation[J]. Academy of Management Annual Meeting Proceedings, 2012(1): 53-77.

[137] CAGGES A. Entrepreneurial risk, investment and innovation[J]. Journal of Financial Economics, 2012, 106(2): 287-307.

[138] CAO Q, GEDAJLOVIC E, ZHANG H. Unpacking Organizational Ambidexterity: Dimensions, Contingencies, and Synergistic Effects[J]. Organization science, 2009(4): 781-796.

[139] CARLSSON B. Innovation Systems: A Survey of the Literature from a Schumpeterian Perspective[J]. Chapters, 2007.

[140] CASSELMAN R M, SAMSON D. Aligning knowledge strategy and knowledge capabilities[J]. Technology Analysis & Strategic Management, 2007, 19(1): 69-81.

[141] CHOO C W, BONTIS N. The Strategic Management of Intellectual Capital and Organizational Knowledge[M]. Oxford University Press, 2002.

[142] COASE R H. The Nature of the Firm[J]. Economica, 1937, 4(16): 386-405.

[143] CONNER K R. A Historical Comparison of Resource-Based Theory and Five Schools of Thought Within Industrial Organization Economics: Do We Have a New Theory of the Firm? [J]. Journal of Management, 1991, 17(1), 121-154.

[144] CROSSAN M M, LANE H W, WHITE R E. An organizational learning framework: From intuition to institution[J]. Academy of Management Review, 1999, 24: 522-537.

[145] DAY G S. The Capabilities of Market-Driven Organizations[J]. Journal of Marketing, 1994, 58(4): 37-52.

[146] DENFORD J S. Building knowledge: developing a knowledge based dynamic capabilities typology[J]. Journal of Knowledge Management, 2013, 17(2): 175-194.

[147] DESHPANDÉ R, FARLEY J U, et al. Corporate Culture, Customer Orientation, and Innovativeness in Japanese Firms: A Quadrad Analysis[J]. The Journal of Marketing, 1993, (57): 23-37.

[148] DHALIWAL D S, TREZEVANT R H, WILKINS M S. Tests of a Deferred Tax

[149] DOMURATH A, COVIELLO N, PATZELT H, et al. New venture adaptation in international markets: A goal orientation theory perspective[J]. Journal of World Business, 2020, (55).

[150] DUNCAN R B. The Ambidextrous Organization: Designing Dual Structures for Innovation[J]. management of organization design, 1976.

[151] EISENHARDT K M, MARTIN J A. Dynamic capabilities: what are they? [J]. Strategic Management Journal, 2000(21): 1105-1121.

[152] ESTRIN S, PENG M W. Institutions, resources, and entry strategies in emerging economies[J]. Strategic Management Journal, 2009, 30(1): 61-80.

[153] FACCIO M, MASULIS R W, Mcconnell J J. Political Connections and Corporate Bailouts[J]. Journal of Finance, 2006, 61(6): 2597-2635.

[154] GHOSHAL S, BARTLETT C A. Linking organizational context and managerial action: The dimensions of quality of management[J]. Strategic Management Journal, 1994, 15(S2): 91-112.

[155] GHOSHAL S, MORAN P. Bad for Practice: A Critique of the Transaction Cost Theory[J]. The Academy of Management Review, 1996, 21(1): 13-47.

[156] GIBSON C B, BIRKINSHAW J. The Antecedents, Consequences, and Mediating Role of Organizational Ambidexterity[J]. Academy of Management Journal, 2004, 47(2): 209-226.

[157] GRANT R M. Toward A Knowledge-Based Theory of the Firm[J]. Strategic Management Journal, 1996, 17(S2): 109-122.

[158] GREVE H R, ZHANG C M. Institutional Logics and Power Sources: Merger and Acquisition Decisions[J]. Academy of Management Journal, 2016, 60(2): 671-694.

[159] GUNSEL A, ERKUT A, SELVA K K, et al. Antecedents and consequences of organizational ambidexterity: the moderating role of networking [J]. Kybernetes: The International Journal of Systems & Cybernetics, 2018, 47(1): 186-207.

[160] GUPTA A K, SMITH K G, SHALLEY C E. The Interplay between exploration and exploitation[J]. Academy of Management Journal, 2006, 49(4): 693-706.

[161] HALL B H, JAFFE A, TRAJTENBERG M. Market Value and Patent Citations [J]. Rand Journal of Economics, 2005, 36(1): 16-38.

[162] HAN J K, KIM N, SRIVASTAVA R. Market Orientation and Organizational Performance: Is Innovation a Missing Link? [J]. Journal of Marketing, 1998, 62(4): 30-45.

[163] HEDLUND G, JONAS R. International Development Projects[J]. International Studies of Management & Organization, 1995, 36(3): 203-213.

[164] HE Z L, WONG P K. Exploration vs. Exploitation: An Empirical Test of the Ambidexterity Hypothesis[J]. Organization Science, 2004, 15(4): 481-494.

[165] HOLLAND J H. Adoption in Natural and Artificial System [M]. MIT Press, 1975.

[166] HOLMEN M. Regional Industrial Renewal: The Growth of "Antenna Technology" in West Sweden[J]. Technology Analysis & Strategic Management, 2002, 14(1): 87-106.

[167] HOLMSTROM B. Agency costs and innovation [J]. Journal of Economic Behavior & Organization, 1989, 12(3): 305-327.

[168] HOMBURG C, PFLESSER C. A Multiple-Layer Model of Market-Oriented Organizational Culture: Measurement Issues and Performance Outcomes[J]. Journal of Marketing Research, 2003(37): 449-462.

[169] JAFFE A B. The Real Effects of Academic Research[J]. American Economic Review, 1989, 79(5): 957-970.

[170] JANSEN J J P, VAN D B F A J, VOLBERDA H W. Exploratory Innovation, Exploitative Innovation, and Performance: Effects of Organizational Antecedents and Environmental Moderators[J]. Management Science, 2006, 52(11): 1661-1674.

[171] JUNNI P, SARALA R M, TARAS V, TARBA S Y. Organizational Ambidexterity and Performance: A Meta-Analysis[J]. The Academy of Management Perspectives, 2013, 27(4): 299-312.

[172] KIRCA A H, JAYACHANDRAN S, BEARDEN W O. Market Orientation: A Meta-Analytic Review and Assessment of Its Antecedents and Impact on Performance[J]. Journal of Marketing, 2005, 69(2): 24-41.

[173] KIRCA A H, JAYACHANDRAN S, BEARDEN W O. Market Orientation: A Meta-Analytic Review and Assessment of Its Antecedents and Impact on Performance[J]. Journal of Marketing, 2005, 69(2): 24-41.

[174] KNOTT A M. The Strategic Management of Intellectual Capital and Organizational Knowledge[M]. New York: Oxford University Press. 2002.

[175] KOGUT B, ZANDER U. Knowledge of the Firm, Combinative Capabilities, and the

Replication of Technology[J]. Organization Science, 1992, 3(3): 383-397.

[176] KOHLI A K, JAWORSKI B J, KUMAR A. MARKOR: A Measure of Market Orientation[J]. Journal of Marketing Research, 1993, 30(4): 467-477.

[177] KOSTIAINEN J, SOTARAUTA M. Great Leap or Long March to Knowledge Economy: Institutions, Actors and Resources in the Development of Tampere, Finland[J]. European Planning Studies, 2003, 1(10): 415-438.

[178] KROGH G V, NONAKA I, ABEN M. Making the Most of Your Company's Knowledge: A Strategic Framework[J]. Long Range Planning, 2001, 34(4): 421-439.

[179] KUMARESAN N, MIYAZAKI K. Management and Policy Concerns over Shifts in Innovation Trajectories: The Case of the Japanese Robotics Industry[J]. Technology Analysis & Strategic Management, 2001, 13(3): 433-462.

[180] KURAN T. The tenacious past: Theories of personal and collective conservatism [J]. Journal of Economic Behavior & Organization, 1988(10): 143-171.

[181] LAVIE D, ROSENKOPF L. Balancing Exploration and Exploitation Alliance Formation[J]. The Academy of Management Journal, 2007, 49(4): 797-818.

[182] LEE C Y, HUANG Y C. Knowledge stock, ambidextrous learning, and firm performance Evidence from technologically intensive industries[J]. Management Decision, 2012, 50(6): 1096-1116.

[183] LEUZ C, OBERHOLZER G F. Political Relationships, Global Financing and Corporate Transparency[J]. Center for Financial Institutions Working Papers, 2003, 81(2): 411-439.

[184] LEVINTHAL D A, MARCH J. The myopia of learning[J]. Strategic Management Journal, 1993(14): 95-112.

[185] LI H, ZHOU L A. Political Turnover and Economic Performance: The Incentive Role of Personnel Control in China[J]. Journal of Public Economics, 2005(89): 1743-1762.

[186] LIN C, SU D. Industrial diversification, partial privatization and firm valuation: Evidence from publicly listed firms in China[J]. Journal of Corporate Finance, 2008, 14(4): 405-417.

[187] LINDE C V D. Sustaining development in mineral economies: The resource curse thesis: Richard M. Auty Routledge, London and New York, 1993, [UK pound]37. 50[J]. Resources Policy, 2004, 20(1): 77-78.

[188] LIN K J, LU X, ZHANG J, ZHENG Y. State-owned enterprises in China: A

review of 40 years of research and practice[J]. China Journal of Accounting Research, 2020, 13(1): 31-55.

[189] LIN Z J, YANG H, DEMIRKAN I. The performance consequences of ambidexterity in strategic alliance formations: Empirical investigation and computational theorizing[J]. Management Science, 2007, 53(10): 1645-1658.

[190] LUBATKIN M H, SIMSEK Z, LING Y, VEIGA J F. Ambidexterity and Performance in Small-to Medium-Sized Firms: The Pivotal Role of Top Management Team Behavioral Integration[J]. Journal of Management, 2006, 32(5): 646-672.

[191] LUGER J, RAISCH S, SCHIMMER M. Dynamic Balancing of Exploration and Exploitation: The Contingent Benefits of Ambidexterity [J]. Organization Science, 2018, 29(3), 449-470.

[192] LUKAS B A, FERRELL O C. The effect of market orientation on product innovation [J]. Journal of the Academy of Marketing Science, 2000(28): 239-247.

[193] LUNNAN R, BARTH T. Managing the exploration vs. exploitation dilemma in transnational "bridging teams"[J]. Journal of World Business, 2003, 38(2): 110-126.

[194] MANUEL G G, JENNIFER G B, JOSÉ L C-P. Analyzing the relationship between exploration, exploitation and organizational innovation[J]. Journal of Knowledge Engagement, 2017, 21(2): 1142-1162.

[195] MARCH J G. Exploration and Exploitation in Organizational Learning[J]. Organization Science, 1991(2): 71-87.

[196] MARTÍNEZ P A, GARCÍA V, PEDRO M, ELCHE D. The mediating effect of ambidextrous knowledge strategy between social capital and innovation of cultural tourism clusters firms [J]. International Journal of Contemporary Hospitality Management, 2016, 28(7): 1484-1507.

[197] MASON A, CARPENTER, et al. The Effects of Top Management Team Pay and Firm Internationalization on MNC Performance[J]. Journal of Management, 2004, 30(4): 509-528.

[198] MCCLOY R A, CAMPBELL J P, CUDECK R. A Confirmatory Test of a Model of Performance Determinants[J]. Journal of Applied Psychology, 1994, 79(4): 493-505.

[199] MENGUC B, AUH S. The asymmetric moderating role of market orientation on the ambidexterity-firm performance relationship for prospectors and defenders[J]. Industrial Marketing Management, 2008, 37(4): 455-470.

[200] MEYER J W, ROWAN B. Institutionalized Organizations: Formal Structure as Myth and Ceremony [J]. American Journal of Sociology, 1977, 83(2): 340-363.

[201] MIGLIETTA N, BATTISTI E, CARAYANNIS E, SALVI A. Capital structure and business process management: evidence from ambidextrous organizations[J]. Business Process Management Journal, 2018, 24(5): 1255-1270.

[202] MORAN P, GHOSHAL S. Markets, Firms, and the Process of Economic Development[J]. Academy of Management Review, 1999, 24(3): 390-412.

[203] MUELLER V, ROSENBUSCH N, BAUSCH A. Success Patterns of Exploratory and Exploitative Innovation A Meta-Analysis of the Influence of Institutional Factors [J]. Journal of Management, 2013, 39(6): 1606-1636.

[204] NANDA R, RHODES-KROPF M. Financing Risk and Innovation[J]. Harvard Business School Working Papers, 2014, 63(4): 901-918.

[205] NARVER J C, SLATER S F. The Effect of a Market Orientation on Business Profitability[J]. Journal of Marketing, 1990, 54(4): 20-35.

[206] NEIL F. The transformation of corporate control [M]. Harvard University Press, 1993.

[207] NOBLE C H, SINHA R K, KUMAR A. Market Orientation and Alternative Strategic Orientations: A Longitudinal Assessment of Performance Implications[J]. Journal of Marketing, 2002, 66(4): 25-39.

[208] NONAKA I, TAKEUCHI H. The Knowledge-Creating Company: How Japanese Companies Create the Dynamics of Innovation[M]. Oxford University Press, 1995.

[209] NONAKA I. The Knowledge Creating Company[J]. Harvard Business Review, 1991(69): 96-104.

[210] NONAKA I, TOYAMA R, NAGATA A. A Firm as a Knowledge-Creating Entity: A New Perspective on the Theory of the Firm [J]. Industrial and Corporate Change, 2000(9): 1-20.

[211] NORTH D C, PAUL T R. The Rise of the Western World: A New Economic History[M]. New York: Cambridge University Press, 1973.

[212] O'REILLY C A I, TUSHMAN M L. The Ambidextrous Organization [J]. Harvard Business Review, 2004, 82(4): 74-81, 140.

[213] O'REILLY C A, TUSHMAN M L. Organizational ambidexterity: Past, present, and future[J]. Social Science Electronic Publishing, 2013, 27(4): 324-338.

[214] PARAYIL G. From "Silicon Island" to "Biopolis of Asia": Innovation Policy and

Shifting Competitive Strategy in Singapore[J]. California Management Review, 2005, 47(2): 50-73.

[215] PARK S H, UNGSON G R. Interfirm Rivalry and Managerial Complexity: A Conceptual Framework of Alliance Failure[J]. Organization Science, 2001, 12(1): 37-53.

[216] PAUL A D, DANIEL P R. Technical Choice, Innovation, and Economic Growth: Essays on American and British Experience in the Nineteenth Century[M]. London and New York: Cambridge University Press, 1975.

[217] PENG M W. Institutional Transitions and Strategic Choices[J]. The Academy of Management Review, 2003, 28(2): 275-296.

[218] PENG M W. Outside directors and firm performance during institutional transitions[J]. Strategic Management Journal, 2003, 25 (5): 53-471.

[219] PENG M W, SUN S L, PINKHAM B, CHEN H. The Institution-Based View as a Third Leg for a Strategy Tripod. [J]. Academy of Management Perspectives, 2009, 23(3): 63-81.

[220] PIAO M. Thriving in the New: Implication of Exploration on Organizational Longevity[M]. Journal of Management, 2010(6): 1529-1554.

[221] POLANYI, M. The Logic of Tacit Inference[J]. Philosophy, 1966, 41(155): 1-18.

[222] POWELL D M W. The Iron Cage Revisited: Institutional Isomorphism and Collective Rationality in Organizational Fields [J]. American Sociological Review, 1983, 48(2): 147-160.

[223] QUINN J B. Intelligent Enterprise: A Knowledge and Service Based Paradigm for Industry[J]. Management Accounting, 1992(3): 109.

[224] RANKIN K N. Anthropologies and geographies of globalization[J]. Progress in Human Geography, 2003, 27(6): 708-734.

[225] RICHARD O C, ISMAIL M K. The impact of racial diversity on intermediate and long-term performance: The moderating role of environmental context[J]. Strategic Management Journal, 2007, 28(12): 1213-1233.

[226] ROODMAN D. How to do xtabond 2: An introduction to difference and system GMM in Stata[J]. Stata Journal, 2009, 9(1): 86-136.

[227] ROTHAERMEL F T, DEEDS D L. Exploration and Exploitation Alliances in Biotechnology: A System of New Product Development[J]. Strategic Management Journal, 2004, 25(3): 201-222.

[228] RYAN H E, WIGGINS R A. The Interactions between R & D Investment Decisions

and Compensation Policy[J]. Financial Management, 2002, 31(1): 5-29.

[229] SAKAKIBARA M, DODGSON M. Strategic research partnerships: Empirical evidence from Asia[J]. Technology Analysis & Strategic Management, 2003, 15(2): 227-245.

[230] SCHNBERGER J L, SINHA S N, POLLEFEYS M. Learning to Fuse Proposals from Multiple Scanline Optimizations in Semi-Global Matching[C]. European Conference on Computer Vision. 2018.

[231] SCHUMPETER J A. The Theory of Economic Development: An Inquiry into Profits, Capital, Credit, Interest and the Business Cycle[M]. Harvard University Press, 1934.

[232] SCHWEIZER T S. Managing interactions between technological and stylistic innovation in the media industries[J]. Technology Analysis & Strategic Management, 2003, 15(1): 19-42.

[233] SCOTT W R. The Adolescence of Institutional Theory[J]. Administrative Science Quarterly, 1987, 32(4): 493-511.

[234] SENARATNE C, WANG C L. Organisational ambidexterity in UK high-tech SMEs: An exploratory study of key drivers and barriers[J]. Journal of Small Business and Enterprise Development, 2018, 25(6): 1025-1050.

[235] SEVERGNINI E, VIEIRA V A, GALDAMEZ E V C. The indirect effects of performance measurement system and organizational ambidexterity on performance[J]. Business process management journal, 2018, 24(5): 1176-1199.

[236] SHINKLE G A, KRIAUCIUNAS A P. The impact of current and founding institutions on strength of competitive aspirations in transition economies[J]. Strategic Management Journal, 2012, 33(4): 448-458.

[237] SHLEIFER A, VISHNY R W. Politicians and Firms[J]. Quarterly Journal of Economics, 1994, 109 (4): 995-1025.

[238] SHLEIFER A, VISHNY R W. The Grabbing Hand[M]. Harvard University Press, 1998.

[239] SHRIEVES R E, LUBATKIN M. Towards Reconciliation of Market Performance Measures to Strategic Management Research[J]. Academy of Management Review, 1986, 11(3): 497-512.

[240] SIDHU J S, COMMANDEUR H R, VOLBERDA H W. The multifaceted nature of exploration and exploitation: Value of supply, demand, and spatial search for innovation[J]. Organization Science, 2007, 18(1): 20-38.

[241] SIMSEK Z. Organizational Ambidexterity: Towards a Multilevel Understanding [J]. Social Science Electronic Publishing, 2010, 46(4): 597-624.

[242] SLATER S F, NARVER J C. Market Orientation and the Learning Organization [J]. Journal of Marketing, 1995, 59(3): 63-74.

[243] SMITH W K, LEWIS M W. Toward a theory of paradox: A dynamic equilibrium model of organizing[J]. The academy of management review, 2011, 36(2): 381-403.

[244] SOETANTO D, JACK S L. Slack resources, exploratory and exploitative innovation and the performance of small technology-based firms at incubators[J]. Journal of Technology Transfer, 2016.

[245] SOM A, DUBELAAR C, RAFII, et al. The Effects of Goal Orientation on Goal Pursuit[J]. Journal of Business Research, 2019, 104(12): 322-332.

[246] SPENDER J C, GRANT R M. Knowledge and the firm: overview[J]. Strategic Management Journal, 2015, 17(S2): 5-9.

[247] SPENDER J C. Making Knowledge the Basis of a Dynamic Theory of the Firm [J]. Strategic Management Journal, 1996, 17(S2): 45-62.

[248] STUART T E. Interorganizational Alliances and the Performance of Firms: A Study of Growth and Innovation Rates in a High-Technology Industry[J]. Strategic Management Journal, 2000, 21(8): 791-811.

[249] TEECE D J. Explicating Dynamic Capabilities: The Nature and Micro Foundations of (Sustainable) Enterprise Performance[J]. Strategic Management Journal, 2007, (28): 1319-1350.

[250] TIAN X, WANG T Y. Tolerance for Failure and Corporate Innovation[J]. Review of Financial Studies, 2014, 27(1): 211-255.

[251] TUSHMAN M L, III C A O. The Ambidextrous Organizations: Managing Evolutionary and Revolutionary Change[J]. California Management Review, 1996, 38(4): 8-30.

[252] UOTILA J, MAULA M, KEIL T, ZAHRA S A. Exploration, exploitation, and financial performance: analysis of S&P 500 corporations[J]. Strategic Management Journal, 2009, 30(2): 221-231.

[253] VENAIK S, MIDGLEY D F, ZEITLIN J. Dual paths to performance: the impact of global pressures on MNC subsidiary conduct and performance[J]. Journal of International Business Studies, 2005, 36(6): 655-675.

[254] VENKATRAMAN N, LEE C H, IYER B. Strategic Ambidexterity and Sales

Growth: A Longitudinal Test in the Software Sector[R]. CIP Working Paper, 2007.

[255] WANG C L, RAFIQ M. Ambidextrous Organizational Culture, Contextual Ambidexterity and New Product Innovation: A Comparative Study of UK and Chinese High-tech Firms[J]. British Journal of Management, 2014, 25(1): 58-76.

[256] WERNERFELT B. A resource-based view of the firm[J]. Strategic Management Journal, 1984, 5(2): 171-180.

[257] WILLIAMSON O E. Markets and Hierarchies: Analysis and Antitrust Implications: A Study of Internal Organization[M]. The Free Press, New York. 1975.

[258] WINTER S G. Understanding dynamic capabilities[J]. Strategic Management Journal, 2003, 24(10): 991-995.

[259] WU J, MA Z, LIU Z, LEI C K. A contingent view of institutional environment, firm capability, and innovation performance of emerging multinational enterprises[J]. Industrial Marketing Management, 2019(82): 148-157.

[260] YIU D W, HOSKISSON R E, BRUTON G D, et al. Dueling Institutional Logics And The Effect On Strategic Entrepreneurship In Chinese Business Groups[J]. Strategic Entrepreneurship Journal, 2014, 8(3): 195-213.

[261] ZACK M H. Developing a Knowledge Strategy[J]. California Management Review, 1999, 41(3): 125-145.

[262] ZACK M H. Rethinking the knowledge-based organization[J]. Mit Sloan Management Review, 2003, 44(4): 67-71.

附 录 | APPENDIX

本研究的数据收集与处理流程

本研究数据来源分为两个部分：一部分来源于国泰安（CSMAR）经济金融数据库中的上市公司基本信息及财务报告等数据；另一部分则是依据沪深两市上市公司的年度报告进行的文本分析数据，最后将两部分数据进行合并，删除了上市不满三年和连续十年（或年度占比 2/3 以上）为 ST 的上市公司样本，据此得到本研究的初始研究样本数据。

一、二手数据处理流程

原始二手统计数据来自国泰安的 CSMAR（经济金融数据库）。

（1）从国泰安的 CSMAR（经济金融数据库）下载原始统计数据，情况如下表所示：

附录表 1　研究数据处理过程文件

文 件 名	文件类型	公司数/家	记录数/条
国有股持股数	.xlsx	3 596	32 172
民营上市公司数据	.xlsx	1 816	17 144
研发投入占比	.xlsx	3 058	15 849
资产负债和利润	.xlsx	3 331	39 036
上市公司基本信息年度报告	.xlsx	3 627	35 624
托宾 Q 等财务数据	.xlsx	3 679	137 199

（2）对原始统计数据的 6 个文件进行合并，合并后的记录数为 39 657 条、3 617 家公司。

（3）对合并数据进行过滤，过滤后的记录数为 30 495 条、2 822 家公司，其中过滤规则如下：① 只保留 2003—2019 年这 17 年的数据记录；② 过滤 2017—2019 年近三年数据不全的样本；③ 过滤超过十年的 ST 样本。

（4）下载需要的上市公司年报，下载后的文件为 PDF 格式，再通过转换工具（pdfminer）从 PDF 中提取出文本，最终成功提取出文本的年报为 24 310 份，2 475 家公司。PDF 总计大小为 62 GB，转换为 TXT 格式后总计大小为 8.2 GB。

（5）进行分词并统计词频，对应 24 310 条统计记录，2 475 公司。

（6）把(3)和(5)的记录进行合并，并过滤年报不连续的公司，最终获得了 25 923 条记录，涵盖了沪深 A 股上市公司共 1 938 家。

二、文本分析数据处理流程

本文的文本分析数据依据上市公司年报进行频数分析。年报通过爬虫抓取自上交所和深交所，为了加速下载，支持并发，网站的稳定性波动经常导致中断，故过程中支持重复执行累加上次结果。

在二手数据收集的基础上，本研究进行了年报的爬取和处理过程。首先，编制爬虫软件抓取上市公司的年度报告，并将 PDF 格式的文件通过转换工具（pdfminer）进行转换，提取文本文件。其次，成功提取出年报 26 310 份，共涉及 2 475 家公司。共抓取 PDF 文件 62 GB，转换为 TXT 文本格式后总计大小为 8.2 GB。最后，分别对 26 310 份 TXT 文件进行了文本词频分析，并将二手数据合并的数据与词频分析文件依据上市公司代码和年度进行合并，再过滤掉连续三年统计数据缺失的样本，最终获得了 25 923 条记录，涵盖了沪深 A 股上市公司共 1 938 家。

附录:本研究的数据收集与处理流程

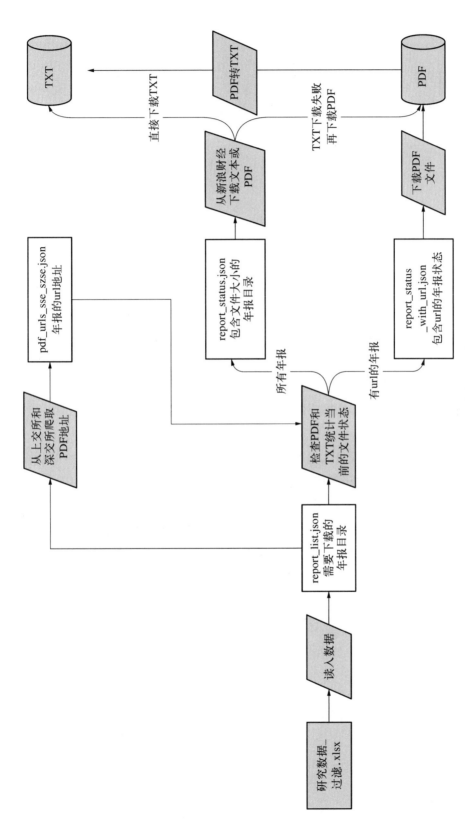

附录图 1　文本分析数据处理流程

致 谢 | ACKNOWLEDGMENTS

本书的写作是一个漫长、系统而又充满挑战的过程，我的博士生导师李元旭教授为我提供了非常多的指导和帮助。李元旭教授是战略管理领域的权威专家，在本书的立意和理论指导上贡献良多，提出了许多非常宝贵的意见。本研究中涉及大量的数据收集和处理工作，感谢李昌振老师为我提供了技术上的指导和帮助。此外，本书的完善过程中还得到了我的领导、同事和朋友的关心和鼓励，在此一并表示感谢。更要感谢上海大学出版社的位雪燕编辑，为本书的修改和完善付出了很多心血，非常感恩能够与如此认真、负责的同伴合作。

此外，还要感谢我在复旦大学求学期间遇到的苏勇教授、薛求知教授、许晓明教授、郑琴琴教授、姚凯教授、卫田教授、徐笑君副教授、郁文副教授等前辈，他们的无私付出以及对学术追求的满腔热情深深打动并鼓励着我。

此外还要感谢我的亲人特别是我的女儿，他们的爱一直鼓励着我前行。虽然我在写作过程中遇到了很多挑战，但这份爱一直是我努力前行的动力。

商务环境瞬息万变，书中不妥之处在所难免，恳请广大读者批评指正。联系方式：tina_liucx@163.com。

刘春霞

2023 年 10 月于上海